佐高信の昭和史

佐高 信

はじめに

昭和二（一九二七）年七月二四日、作家の芥川龍之介《あくたがわりゅうのすけ》が前途に「ぼんやりした不安」を感じて自殺しました。三五歳でした。

それから一か月近く後の八月一八日に、作家の城山三郎《しろやまさぶろう》が生まれています。同じく作家の石牟《いしむ》礼《れ》道子《みちこ》や吉村昭《よしむらあきら》、あるいは藤沢周平《ふじさわしゅうへい》も昭和二年生まれです。

昭和元年は一週間ほどしかないので、実質的には昭和二年が昭和元年ですが、城山や藤沢が生きていれば今年九一歳で、昭和も九一年ということになります。

二〇一四年の九月二〇日に昭和三年生まれの土《ど》井《い》たか子《こ》が亡くなりました。城山と土井に対談してもらったことがありますが、土井は自分を「痛ましいくらいの純真な軍国少女」だったと告白していました。

当時、素朴な軍国少年だった城山は一七歳で海軍に志願するわけですが、それを口惜しく思う城山に歴史観を尋ねると、

「私には戦争中の皇国日本史で育てられて、歴史に対する不信感が長くあったわけです。あの歴史はまちがっていたとも言えるし、一方的であったとも言える。しかし、当時は一〇〇パーセント正しいものとして教えられましたからね。それが戦後いろいろなものを読んで、歴史というものは史料によってずいぶんひっくりかえるものだなと思った。非常に便宜的なものだし、歴史が必ずしも真実なり事実なりを伝えない。しかし、それが歴史になってしまうと非常に強い発言力を持つわけです。とくに活字になると、ある権威を持ってしまう」

と答えてくれました。

代表作の一つの『鼠』の中で、「一度でよいから、歴史に多寡をくらすまい」と書いている城山らしい答えです。

昭和の、特に前半は「戦争の時代」でした。特攻隊に「志願」して、皇軍と呼ばれた軍隊の実態を厭《いや》というほど体験させられた城山は、特攻は志願ではない、国家や社会によって志願と思わされたのだと強調しながら、私との初めてのインタビューで、「不確実、不確定の時代でわからないことが多いけれども、戦争になったら元も子もなくなるということだけはハッキリした事実だと思うんです。だからとにかく勝つ負けるよりも先に、戦争を防ぐということ、戦争にならないようにするということしかないと思う。そういう意味では、戦争を前提にしたものの考え方にはついていけないし、戦争を前提にして人を煽《あお》りたてるようなことに対しては抵抗があります」

と言い切っていました。

城山はまた、

「戦争はすべてを失わせる。戦争で得たものは憲法だけだ」

と主張し、土井や私がつくった「憲法行脚の会」の呼びかけ人にもなってくれたのです。同期の友人たちを含む多くの人の血を流して生まれた非戦の日本国憲法だという思いからでしょう。

私は国家の水位が高くなったとき、戦争が起こると感じています。戦前は大日本帝国、戦後は日本という国が強調されると、排他的意識が強くなり、武力衝突に至ってしまうということです。

よく、郷土を愛することの延長に日本を愛することがあると言われますが、故郷は日本という国家と違って武力を持ちません。そこが決定的に違うのです。

私は、できるだけ、国家の水位、すなわち日本の水位を低くしたい。そういう思いから昭和史を振り返ってみました。

軍人の石原莞爾《いしはらかんじ》から歌手の淡谷《あわや》のり子《こ》まで、さまざまな人物の動きを通して昭和史を描いたのもユニークな試みだと自負しています。

一つの見方として手に取っていただければ幸いです。

目次

第二章　なぜ軍国主義に染まっていったのか

苛烈化する思想

第三章 なぜ「世界の孤児」へと暴走したのか
満州事変から国際連盟脱退にいたる道

第四章 時流に媚びない人たち
彼らはどう異を唱えたのか

第五章

戦争協力と戦争責任を考える
日本的な同調型思考停止社会のワナ

第六章

つくられた終戦記念日

本当の終戦はいつだったのか

第七章　戦後を牽引したニッポンの会社の裏側

サラリーマンはなぜ「社畜」化したのか

第八章　労働組合は何をしてきたか

なぜか嫌われる理由と本来の意義

第九章　社会党はなぜダメになったのか
リベラル勢力の凋落に思うこと

第十章　創価学会はなぜ現代のタブーになったのか
——政教分離を瓦解させたモンスターの正体

第十一章　組織・社会とどう関わっていくか

「個」を殺されずに生きるために

終　章　黒幕たちの昭和史

闇の世界の顔役の動き

序　章　疑念を持って歴史を見つめる視点

もうこれ以上だまされてはいけない

首相のウソを放任してしまう国

私が、なぜあらためて昭和を振り返って語る本を出そうと思ったのか、ひとことで言えば「だまされない人になろう」ということを言いたいからです。過去の出来事からもっと学ぶべきことを学び、教訓として活《い》かして、目の前の現実に対応していかないといけないということを強く訴えたいのです。

日本人は、「疑念を持たずに、長い物に巻かれていく」傾向があまりにも強すぎます。

安倍晋三《あべしんぞう》は、東京にオリンピックを招致したいがために世界に向けて「フクシマはコントロールされています」と述べました。一体何をもって、どうコントロールされていると言うのでしょう。見え透いたウソです。

彼のウソはそれだけではない。アベノミクスという名の〝ニセ金〟をばらまき、憲法九条の解釈と集団的自衛権の行使についても、平気でウソをつき続けています。

誰もが安倍の言葉を大ウソだとわかっていながら、しかしそんな安倍を容認して、社会はどんどん危うい方向に向かっている。とんでもないことです。

まじめで善良な市民の常識的感覚では、「疑ってかかる」というのは悪いことのような認識があるでしょうが、実はそうではない。

「信の世界に欺詐《ぎさ》多く、疑いの世界に真理多し」

これは福澤諭吉《ふくざわゆきち》が『学問のすゝめ』に書いている言葉で、物事を無批判で信じ込んでいる社会にはウソ偽りがどんどんはびこり、疑いの目を凝らしている社会には真理が発達していく、という意味です。日本の社会というのは、まさにその「欺詐多」き世界なのです。

さらに言えば、まじめで善良な市民の意識の中には、「だますのは悪人で、だまされるのは善人、だまされる側に罪はない」という思い込みがありますが、これもまた違う。だまされるということは、無知で、迂闊《うかつ》で、思慮が浅いということ。野生動物であれば生き残っていけないことを意味しています。だまされることをよしとして、のうのうと生きていてはいけないのです。

だまされないためには、きちんと真実を知らなければならないし、疑念のあることには声をあげなければいけない。だまされ続け、流されていてはいけないのです。

「だまされる」とはどういうことか

「最近の日本は、戦前とよく似ている」

こんな声をあちこちで耳にするようになりました。

「平和」という言葉を利用し、排他的ナショナリズムを煽《あお》り、全体主義的方向にひた走る。昭和初期の世情とたいへんよく似ています。

日本映画の草創期に活躍した映画監督、脚本家の伊丹万作《いたみまんさく》という人がいます。伊丹十三《じゅうぞう》の父、大江健三郎《おおえけんざぶろう》の岳父、舅《しゅうと》です。敗戦の翌年九月に四六歳で病没するのですが、死の直前に「戦争責任者の問題」（昭和二一年四月に書かれたもの。掲載は「映画春秋」創刊号、昭和二一年八月）というエッセイを書いています。

ここで伊丹は、日本人のほとんどが「だまされて」戦争に突入したと言っていたけれど、「だまされるということ自体が一つの悪である」と強い調子で世の中を斬っています。

「だまされていた」という一語の持つ便利な効果におぼれて、一切の責任から解放された気でいる多くの人々の安易きわまる態度を見るとき、私は日本国民の将来に対して暗澹たる不安を感ぜざるを得ない。

「だまされていた」といって平気でいられる国民なら、おそらく今後も何度でもだまされるだろう。いや、現在でもすでに別のうそによってだまされ始めているにちがいないのである。

そして、伊丹はこのエッセイをこう続けています。

現在の日本に必要なことは、まず国民全体がだまされたということの意味を本当に理解し、だまされるような脆弱《ぜいじゃく》な自分というものを解剖し、分析し、徹底的に自己を改造する努力を始めることである。

しかし、戦後の教育では〝だまされ体質〟の改善は行われてきませんでした。むしろGHQが主導したのは、「日本国民がもっとものを考えなくなるようにする」教育だったと言えます。

戦前と驚くほどよく似た状況

伊丹万作の主張については本編の中でまた詳しく取り上げることにして、ここでもう一つ、今度は現代の市民の言葉に触れてもらいましょう。
『戦争のつくりかた』（りぼん・ぷろじぇくと、マガジンハウス）という絵本の文章です。これは平成一六（二〇〇四）年に手作りの冊子として世に送り出されたものでした。
そこから一部を紹介します。

国のしくみやきまりをすこしずつ変えていけば、
戦争しないと決めた国も、戦争できる国になります。

そのあいだには、
たとえばこんなことがおこります。

わたしたちの国を守るだけだった自衛隊が、
武器を持ってよその国にでかけるようになります。
世界の平和を守るため、
戦争で困っている人びとを助けるため、と言って。

せめられそうだと思ったら、先にこっちからせめる、
とも言うようになります。
戦争のことは、
ほんの何人かの政府の人たちで決めていい、
というきまりを作ります。
ほかの人には、
「戦争することにしたよ」と言います。
時間がなければ、あとで。

政府が、
戦争するとか、戦争するかもしれない、と決めると、
テレビやラジオや新聞は、
政府が発表したとおりのことを言うようになります。
政府につごうのわるいことは言わない、
というきまりも作ります。
みんなで、ふだんから、

戦争のときのための練習をします。
なんかへんだな、と思っても、
「どうして?」と聞けません。
聞けるような感じじゃありません。
学校では、
いい国民はなにをしなければならないか、
をおそわります。
どんな国やどんな人が悪者か、
もおそわります。

町のあちこちに、カメラがつけられます。
いい国民ではない人を見つけるために。
わたしたちも、おたがいを見張ります。
いい国民ではない人がまわりにいないかと。
だれかのことを、
いい国民ではない人かも、と思ったら、
おまわりさんに知らせます。

おまわりさんは、
いい国民ではないかもしれない人を
つかまえます。

……
わたしたちの国の「憲法」は、
「戦争しない」と決めています。
「憲法」は、
政府がやるべきことと、
やってはいけないことを
わたしたちが決めた、
国のおおもとのきまりです。
戦争したい人たちには、つごうのわるいきまりです。
そこで、
「わたしたちの国は、戦争に参加できる」と、
「憲法」を書きかえます。
さあ、これで、わたしたちの国は、
戦争できる国になりました。

これが書かれてから一四年後の今、日本は本当にこのとおりの国になってしまいました。

そう、伊丹万作が案じていたように、日本国民はまたもウソに巻き込まれている。そして今、また戦争に突き進もうとする世の中を迎えつつあるのです。

いいのでしょうか、だまされ続けたままで？

私はそうは思いません。もうこれ以上だまされ続けていてはいけない。だから、だまされないようにするための視点を身につけよう、そのために過去の出来事を振り返ってみようじゃないか、というのがこの本のテーマです。

歴史とは「現在と過去との対話」である

どうしたらだまされない人間になれるのでしょうか。知ること、疑問を持つこと、複眼で捉《とら》える習慣をつけることです。

「なぜ」「どうして」と疑問を持つ。異なる立場から見たらどうなのかを考える。事実と事実をどう結びつけるのかという思考の鍛錬をする。何事に対しても軽々に信じ込まないで、疑問の目を向け、立ち止まって考えてみることです。

日本の学校で学ぶ歴史は、記憶重視です。出来事やそれが起きた年号、関連した人物などを頭に詰め込んで歴史を知ったようなつもりになっていても、実生活には何の役にも立ちません。

歴史を学ぶ意味とは、なぜそういうことが起きたのか、その結果どうなったのかということを知り、自分たちが今を生きていくために活かすことにあるのです。

「すべての歴史は現代史である」

こう言ったのは、イタリアの歴史哲学者、ベネデット・クローチェでした。歴史的な事象を、事実の羅列として編年的に記録することには意味がない、今を生きている者の立場から現在の問題に照らしてみることによって、死者の歴史も生き生きとした現代史として甦《よみがえ》る、と説いたのです。

クローチェの考えを日本に紹介したのは、歴史家の羽仁五郎《はにごろう》でした。私も学生時代からその講演を聴いたりして刺激を受けていた人です。

イギリスの歴史学者、E・H・カーは、第二次大戦後、著者『歴史とは何か』（岩波新書）の中でクローチェのこの「すべての歴史は現代史である」という言葉を引きつつ、こう述べています。

「歴史とは歴史家と事実との間の相互作用の不断の過程であり、現在と過去との間の尽きることを知らぬ対話なのであります」

カーは、歴史の叙述とはその人の所属する社会環境に影響されるものであり、すべからく主観の反映であると言いました。歴史的史料というものに完全なる客観性はありえない、だからこそ、その人の主観性がどこに出ているかを、読み解き手はきちんと見極めなければいけないとして、歴史を視る眼を自覚的に確立することこそ重要であると説きました。

歴史を知るうえで大事なのはそこです。誰の視点で語られているのか、そして誰がそれを重要な事柄と判断したのか、そこに対してもっと自覚的になること。

日本人はこの「自覚的に視点を確立する」ことが不得手です。とかく、「権威ある立場の人、権力を持った人が言うから」とか、「多くの人がいいと言うから」といった受け身の判断をする。

そうではなくて、自分はどんな社会を求めているのか、誰の言葉を信じられると思うのか。自発的、能動的に考える姿勢を持つこと。それが自分の思考の軸になります。

私もまた、すべての歴史を現代史として捉え、現在と過去との対話という観点から、〝疑念の昭和史〟を語っていくことにします。

第一章　銀行を潰したのは誰だ？

昭和恐慌はなぜ起きたのか

「ぼんやりした不安」の中に始まった昭和

昭和という時代がどのような雰囲気の中で始まったかを表すのに妥当ではないかと私が思うのが、芥川龍之介の残した「ぼんやりした不安」という言葉です。

芥川は昭和二（一九二七）年七月二四日に服毒自殺をします。三五歳でした。「或旧友へ送る手記」と書かれた遺書の中には、自分が死を選ぶのは「将来に対する唯ぼんやりした不安」があるからだと書いていました。

そう感じていたのは芥川だけではなく、芥川より一歳年長であった広津《ひろつ》和郎《かずお》なども、「『漠然とした生存不安』と芥川君はいっているが、それはその頃の私などにも始終つき纏《まと》っていた一つのどうにもならない気分であった」と記しています（『新編　同時代の作家たち』)。

大正時代というのは、西洋化が浸透して、今日的な生活様式の基盤が整いはじめた時期。呉服屋は百貨店に姿を変え、背広とネクタイ姿で会社に勤めるサラリーマンという層が出てきたのも大正時代のことです。都市部を中心に、大衆受けする文化や芸術、娯楽が華開き、一方では民主主義活動が広がって「大正デモクラシー」と呼ばれました。ひとことで言うなら「大衆の時代」です。

そんな中で、大正一二(一九二三)年九月一日、関東大震災が起きました。首都を襲った未曾有《みぞう》の大震災によって死者・行方不明者は一〇万人を超え、経済も大きく揺らぎます。

以後、復興が急がれる中、時代の様相は次第に剣呑《けんのん》なムードへと変わっていきます。ブルジョアとプロレタリアートの対立が激しくなって「争議の時代」になっていく。大正一四(一九二五)年には治安維持法も公布されました。「震災手形」の濫発、復興資材の輸入超過問題など、経済は閉塞《へいそく》感が深まっていく一方です。

大正天皇が没したのは大正一五(一九二六)年一二月二五日です。改元して昭和が始まりますが、昭和元年というのはわずか数日だけですから、実質的には昭和二年が元年のようなものです。その三月には金融恐慌が起き、四月には徴兵令が改められて兵役法が公布され、軍の動員のために戸籍を直接使えるような仕組みが導入されて、五月には山東出兵《さんとう》が始まる。不穏な気配がひたひたと迫りつつある状況でした。

こういう時代背景の中で、芥川は将来に対して「ぼんやりした不安」を抱き、生き苦しさを感じていた。不安が増幅していくような時代感というのは、どこか今現在と似通ったものがあるように思えます。

そんな昭和初期の出来事、金融恐慌の発端となった東京渡辺《わたなべ》銀行の破綻《はたん》の顛末《てんまつ》から話を始めたいと思います。

大臣の失言

昭和二（一九二七）年に起きた金融恐慌は、「震災手形」の問題なくして語れません。

関東大震災で壊滅的な打撃を受けた銀行や会社を救済するために、債務の支払猶予令を出し、震災によって決済できなくなった手形は日本銀行が再割引して銀行の損失を救い、その結果、日銀に損失が出たときは一億円を限度として政府が補償する、という特別措置を講じたのです。

これがどういう事態を招いたか？

震災前からの不良貸付や不良手形までもが大量に紛れ込み、未決済手形がどんどん膨らんでいきました。支払猶予の期限は二度にわたって延長され、最終期限は昭和二年九月とされていましたが、未決済手形はなかなか減らず、銀行は大量の不良債権を抱え込むことになっていきました。復興を当て込んだ資材の輸入超過という問題もありました。

このままでは銀行が危ない。抜本的整理が急がれていたのです。

政府は、国債を発行してそれを銀行に一〇年間貸し付け、その間に手形の整理をするという内容の法案を提出しましたが、野党がこれに反対して衆議院予算委員会の審議は紛糾していました。

昭和二年三月一四日も、議会はこの問題で揉《も》めに揉めていました。

野党、政友会《せいゆうかい》の代議士が、「銀行が潰《つぶ》れるたびに国家がいちいち救済するというのでは、自由競争の原理がこわれる」と、大蔵大臣、片岡直温《かたおかなおはる》を追及しました。

答弁に立った片岡蔵相は、「大蔵大臣の地位にある者として、財界に破綻が引き起こされたら整理救済に努めねばならないのは当たり前のことである」と答え、続けて「現に今日、とうとう渡辺銀行が破綻いたしました」という発言をしてしまいます。

ところが、この時点で渡辺銀行はまだ破綻していませんでした。つまり、大蔵大臣が予算委員会という場で、潰れていない銀行が潰れたという、事実に反することを公言してしまったのです。今も大臣の不見識な〝失言〟がしばしばメディアを騒がせますが、このときも片岡蔵相の失言は大きな問題となりました。

翌日の新聞には「破綻せぬ銀行を破綻したと声明　片岡蔵相口をすべらす」といった見出しが躍りました（昭和二年三月一五日付「大阪毎日新聞」）。

実際、経営がかなり悪化していて青息吐息状態だった渡辺銀行では、この片岡大臣の発言が引き金となって取付け騒ぎが起き、休業から破綻へと突き進んでしまったのです。

大蔵大臣が銀行は危ないと発言したわけですから、人々は預金を銀行から引き揚げようと先を争い、銀行の取付け騒ぎは地方にも広がっていきました。

昭和二年三月中旬から四月下旬の間に休業あるいは倒産にいたった銀行は三三行にのぼりました。

失言はいかにして起きたのか

片岡は、なぜ破綻していない渡辺銀行を破綻したと言ってしまったのか。

問題の三月一四日、東京渡辺銀行の専務、渡辺六郎《ろくろう》が大蔵省を訪ね、事務次官の田《でん》昌《あきら》と面談しています。手形交換尻《こうかんじり》を決済するために日銀に払い込む資金がたりないと窮状を訴えました。

これを聞いた田は、これは重大なことなので大臣に報告しなければいけないと、

「本日正午、東京渡辺銀行支払いを停止せり」と書面に書いて議会に駆けつけるのです。しかしすでに予算委員会は始まっており、片岡と話をすることはできずに書面だけを渡して大蔵省に戻った。

片岡は、野党の追及に汲々《きゅうきゅう》としているときでした。差し入れられた書面を見て、事の推移を確認することなく、「……現に今日、とうとう渡辺銀行が破綻いたしました」と言ってしまったのです。

片や渡辺六郎は、大蔵省から助けてもらえなかったのでさらに金策に奔走し、その結果、その日の交換尻決済の資金を払い込むことができていました。首の皮一枚という状態で窮地を脱して、渡辺銀行は通常通りに業務を行っていたのです。

ただ、そのことを田次官に直接伝えるのではなく、銀行局の事務官、原邦道《はらくにみち》に電話で伝えていました。原は事務官が上司を飛び越して上に報告するわけにはいかないと考え、課長に伝えた。課長が局長に伝え、局長が次官に伝えるという流れで田次官が事の次第を知ったときは、もう片岡が失言をしたあと、予算委員会も散会していました。

小さな行き違いが積み重なっているのです。

渡辺六郎の訪問時に、田次官は木で鼻をくくったような対応をしています。

「これまでこのような事態に遭遇したことがないので途方に暮れている。当局のご指導を仰ぎたい」と渡辺が言うと、「それなら普通銀行課長に相談すればいい」と言い、その場に立ち会っていた原事務官に「課長のところへご案内したまえ」と言っています。そういうことがあったから、渡辺六郎は資金繰りがついたときに原に知らせたわけです。

田は、「支払いが滞りそうだ」と報告してきている渡辺銀行のことを、「支払い停止した」と書面に記した。これもフライングです。また、口頭で片岡蔵相に説明することができない状況で、その書面のみを渡している。

この書面を見て、片岡は短絡的に「渡辺銀行は潰れた」と口にしてしまう。いかにも官僚と政治家がやりそうな〝負の連鎖〟が起きていました。

片岡は、夕刻から大蔵省幹部を集めて対応策を協議します。結局、大蔵省からは田次官による経緯を記した顚末書が発表され、片岡は記者団に対し、「次官に失態はない、ゆえに責任もない。自分も知り得た事実を述べただけである、責任は銀行にある」と語りました。

渡辺銀行は翌日から当分休業することを決めます。

翌日から議会における野党の攻撃の矛先は片岡の失言へと向かいましたが、片岡には一切、責任意識がない。かりそめにも「大蔵大臣の地位にある者として、財界に破綻が引き起こされたら整理救済に努めるのは当たり前」と言って法案を通そうとしていた大臣が、銀行を見捨て、切り捨てているとしか思えないことを言ったのです。

片岡がなぜ失言したかを考えるとき、もう一つ大事なことがあります。

それは国会の議場で起きたことです。この当時、政界は憲政会《けんせいかい》、政友会、そして政《せい》友本党《ゆうほんとう》が並び立ち、激しい政争を繰り広げていました。時の若槻礼次郎《わかつきれいじろう》内閣は憲政会です。倒閣を目指す野党、政友会は、とにかく法案を通したくないので、議事進行を阻止するためにさまざまな手を尽くす。議場では、堂々めぐりの議論が繰り返されたり、罵声《ばせい》が飛び交って大荒れしたり、まともに議事が進行するような状況ではなかったのです。

「震手（震災手形）」問題の答弁に立っていた蔵相、片岡直温は、政友会の代議士によるしつこい追及に辟易《へきえき》していました。政党間のバトルが繰り広げられる中で失言してしまった。これが本当に銀行や庶民のためになるかどうかという論点からはかけ離れて、政治家たちの政争の道具として使われていた、という側面もあったのです。

真実はいまだ藪の中

「歴史は勝者によって作られる」とよく言いますが、「強者」によって作られるものという言い方もできます。

この東京渡辺銀行に端を発する昭和金融恐慌の話は、多くの本に書かれています。ところが、それらは政治家や大蔵省の視点から見たものがほとんどで、銀行側の立場から見たものはまず皆無でした。

片岡の失言に触れてはいても、東京渡辺銀行というのは放漫経営で、大臣の失言がなかったとしてもどのみち潰れていた、というトーンなのです。中には、渡辺銀行は片岡の失言をむしろ喜んでいたのだ、とするものまである。

たとえば、安藤良雄《あんどうよしお》という経済学者が出した『昭和経済史への証言』（毎日新聞社）という本があります。昭和経済史の決定的瞬間に関わっていた人たちに話を聞いて証言を得るという内容のもので、雑誌「エコノミスト」に連載されたものでした。その中で当時、大蔵大臣官房文書課長だった青木得三《あおきとくぞう》という人がこう語っている。

片岡の失言を知ったとき、渡辺六郎は非常に悲観するかと思ったら、「喜色満面という顔をした」と。大臣がそう言ったことで、休業せざるを得なくなった。渡辺銀行にしてみれば、銀行を閉鎖する恰好《かっこう》の理由がついて喜んでいたようだ、などと言うのです。

はたして本当だろうか、と私は疑念を抱きました。私は、これまでさまざまな取材を通して、責任逃れをするためには平気でウソをつくし、人を貶《おとし》めることをする官僚たちの姿を見てきているので、この青木という人の言っていることにも疑問を感じずにはいられませんでした。
この一件は、渡辺銀行の立場としてはどうだったのか。真相は、依然〝藪《やぶ》の中〟だと感じていました。それで『失言恐慌――ドキュメント銀行崩壊』（角川文庫）を書いたのです。

これを書くにあたって、私にはある人物との出会いがありました。東京渡辺銀行経営者の縁者です。その人の書いた「銀行の崩壊」と題するエッセイの一部を紹介させてもらいましょう。

私の家は、昭和二年に倒産して、没落した。
私自身は昭和十一年生れだから、どういう事情で渡辺家が倒産し、祖父が経営していた渡辺銀行が崩壊したのか知るよしもない。ただ年寄りたちが、子供の私に昔日の栄華の日々を語ってくれたが、そんな話を聞いたところで、ピンと来るわけがない。平家の栄華や豊臣家の贅沢さを聞いているのと同じであった。ただ一つだけうらやましいと思ったのは、日本にはじめて自動車が二十台ほど輸入されたときに、そのうちの二台がうちにあったという話である。私が子供のときには、渡辺家には一台も自動車がなかったからである。

大学に入って、私ははじめて渡辺家の倒産というものが、昭和の大恐慌の引き金になった社会的な大事件であったことを知った。ことに私の心に深く衝撃を与えたのは、一枚の報道写真であった。渡辺銀行の石造りの玄関を背景に一人の老婆が茫然とすわりこんでいる。おそらくなけなしの虎の子の預金を、この取付けさわぎでなくしてしまった人に違いない。この写真をみていると実に暗然たる気持になる。ましてその原因になったのが、わが家であってみればなおさらである。

この写真をみて以来、私は自分の家のおこした事件を一度は自分自身の手で書いてみたいと思うようになった。写真の老婆に対して私はなにもすることができないが、せめて事件がどうしておこり、どういう結果をうんだかということを記録することが、あの老婆の人生への贖罪でもあるという気がしたのである。

これは、東京渡辺銀行のオーナーであった渡辺治右衛門《じえもん》の嫡孫、渡辺邦夫《くにお》氏の書かれたものです。渡辺銀行専務の渡辺六郎は治右衛門の弟、邦夫氏の叔父《おじ》になります。この渡辺邦夫氏とは、歌舞伎や能の劇評家である渡辺保《たもつ》さんの本名なのです。

編集者を介して初めてお会いしたときに、渡辺さんはここに書かれているように、自分で倒産に至る一部始終を書きたいと思っていたけれど、餅は餅屋のほうがいいだろうと思うようになったと語り、「全面的に協力します、内容には一切口を出しません、とにかく心ゆくまで調べて真実を書いてほしい。うちのことを批判するものになったとしてもけっこうです」と言われました。

こうした経緯があったので、私は渡辺家側からいろいろ資料を提供していただいたり、話を聞いたりすることができました。

親族の間では過去の話を蒸し返すことを嫌がって反対した方が多かったらしいのですが、渡辺家一二代当主である邦夫氏こと保さんが矢面に立ってこれを抑えてくれていたことを後で知りました。

潰れたときの渡辺家当主、渡辺治右衛門は保さんのおじいさんに当たります。お父さんの源一《げんいち》さんは、渡辺銀行が倒産したときには二七歳だった。生前、銀行破綻に関しては頑として何一つ語らなかったといいます。

渡辺家は財産をすべて失うわけですが、虎の子の預金を預けていて、それを取り戻せなかった市民もたくさんいたわけですから、経営者一族としてはなんらかの弁明ができるような立場になかった。

不用意な失言をした大臣の責任、そして大蔵官僚の対応のまずさと彼らの責任は問われることのないまま、彼らの側から語る歴史がまことしやかに伝えられていった。渡辺家側は反論できなかった、あるいはしなかったため、みな大蔵省側、役所側の視点だけから取り上げて書いていたのです。

メディアには今もそういう体質のところが多くあります。自分たちで調べもせず、誰かが言ったこと――その誰かとはその問題における立場上の強者であることが多いわけですが――に乗っかって、弱者を叩《たた》く。

歴史には、ただ一つの真実というものはないのです。強者の発する声だけでなく、弱者の声をもすくいとって複眼的に見たとき、そこに客観的真実というものが浮かび上がってくる。私は、そういう視点がとても大切ではないかと思っています。

東京渡辺銀行とは

さて、当時の銀行のことを少し解説しておきましょう。

明治二七―八（一八九四―九五）年の日清《にっしん》戦争の後、日本には銀行設立ブームが訪れました。明治二八年末に八一七行だった普通銀行は、明治三一年末には一四八五行にまで増えています。これほど銀行が乱立したのは、政府が銀行の新設認可にきわめてゆるやかな方針を採り、資本金等の制限をしなかったためです。

産業の勃興《ぼっこう》を背景に資金需要が急速に高まりつつあったこともあって、銀行は収益確実な事業と考えられて、地方の有力者は争って銀行の設立に走った。そのため、事業を大きくやっている人はたいてい〝自分の銀行〟を持っている、といった状況にありました。言葉を換えれば、銀行はその事業家の〝財布〟のようなものになっていたわけです。

当然、銀行はその経営者の言いなりになる。経営者一族の放漫経営の巣窟《そうくつ》となりやすかった。また、仕組みが脆弱《ぜいじゃく》ですから、経済変動があるとすぐに傾く。明治後半から大正にかけては、銀行の取付け騒ぎというのがわりとよく起きていたのです。

たとえば——

・明治四一（一九〇八）年三月と七月に東京で多数の銀行が休業
・大正三（一九一四）年七月に第一次世界大戦が始まり、八月に名古屋の銀行が多数、取付けに遭って、政府が財界救援措置を発表
・大正九（一九二〇）年、好景気の反動で株式が大暴落。その不況のなかで、たくさんの銀行が取付け

大きなところでは、こういったことがありました。

大正後期の日本経済は、第一次世界大戦時のいわゆる〝戦時バブル〟がはじけ、不況の方向に向かっていた。銀行は不良債権を多く抱えていた。そこに関東大震災が起き、震災前の不良手形も震災手形とされて、膨大な不良債権となってしまっていたわ

けです。

では東京渡辺銀行というのはどんな銀行だったのか。

明治一〇（一八七七）年に第二十七国立銀行として設立され、明治三七（一九〇四）年に二十七銀行と改称。大正九（一九二〇）年に東京渡辺銀行と改称しています。破綻時の東京渡辺銀行は資本金が公称五〇〇万円。頭取が渡辺治右衛門、専務で実質的な銀行経営者だったのが治右衛門の末弟、六郎。大株主はほとんど渡辺一族で占めていた。銀行設立ブームより早くからやっていますが、やはり〝機関銀行〟（特定の事業会社や個人の資金調達を目的として預金を集める銀行）という面が強かったということになるでしょう。

そもそも渡辺家は播州明石《ばんしゅうあかし》の出身で、徳川《とくがわ》八代将軍吉宗《よしむね》の時代に明石から江戸に来て、日本橋《にほんばし》で海産物を商う店を開きました。八代目の治右衛門がなかなかの傑物で、才覚を示して財を成したそうです。店をさらに大きくして資本を蓄え、銀行経営にまで乗り出すようになったのは九代目治右衛門です。

このころの渡辺家の羽振りのよさというのは相当なもので、明治中期の長者番付のようなものにしっかりと名前が入っています。

明治二三（一八九〇）年の「方今　長者鑑」という資料によると、行司の筆頭が岩《いわ》崎弥之助《さきやのすけ》、東方大関が渋沢栄一《しぶさわえいいち》、関脇が大倉喜八郎《おおくらきはちろう》、小結が住友吉左衛門《すみともきちざえもん》、前頭一枚目が五代友厚《ごだいともあつ》、同二枚目が安田善次郎《やすだぜんじろう》と続き、同三枚目に渡辺治右衛門と出てきます。

ですから、機関銀行的な性格を持っていたとはいえ、決して吹けば飛ぶような弱小銀行ではなかったことをうかがい知ることができます。

六郎の手記

この東京渡辺銀行を結果的に潰してしまうことになるのが、一〇代目治右衛門であり、その弟、六郎でした。

九代目は八代目譲りのたいへん利に敏《さと》い人物だったらしいのですが、一〇代目治右衛門についてはあまりそういう評価はなく、贅沢三昧《ぜいたくざんまい》をしていたなどの風聞ばかりが残っています。放漫経営という一面はたしかにあった。おまけに〝戦時バブル〟がはじけて不況が進んでいくという時代状況の中で、どんどん焦げつきが増し、経営が悪化していった。そして昭和恐慌を迎えてしまったのです。

東京渡辺銀行は、昭和三（一九二八）年六月、破産宣告を受けました。実質的責任者であった渡辺六郎は、横領背任、商法違反、財産隠匿などの嫌疑をかけられ、逮捕されて一〇〇日間も勾留《こうりゅう》されています。

その渡辺六郎の息子の渡辺秀《ひいづ》さんが、父の汚名をすすぎたいと平成元（一九八九）

年に私家版で『渡辺六郎家百年史』をまとめました。その中に、横領背任罪で起訴された六郎の手記が載せられています。昭和八（一九三三）年二月一四日に行われた第一回の公判のあと、六郎はこんなことを記していました。

> 当時の大蔵大臣片岡氏の卑怯さと先見の明のないこと、然も横着さ、其様な人が貴族院議員になって国政に参与して居る。あきれるばかりだ。
> 大蔵省の普通銀行課長加藤氏が、業々《ママ》司法省を訪れて、破産を慫ようしたとの事だ。大蔵省で渡辺が憎いのなら、外に手段もあるべし。預金者の不幸になる破産を慫ようするとは何事なりや。
> こう云う社会制度の内幕では、右傾が出たり左傾が出たりするのも止むを得ないでしょう。私は幸い教育を受け慈愛ある父母に養われたから、今日人も憎まず有髪の僧のつもりでただ自分の不才不徳と不運とを覚ゆるだけだ。銀行預金者に対しては、今日尚責任は痛感する。

こういう人が、青木得三という官僚が言ったというように、大臣の失言を「喜色満面」で受けとめるでしょうか。預金者につらい思いをさせたと、そこに贖罪《しょくざい》意識を働かせられるまっとうな神経の持ち主だと私には見えます。自分たちの銀行が破綻することを確信犯的に狙いすまし、「喜色満面」の笑みをもらすような人物とはとうてい思えないのです。

秀さんの話によれば、六郎は生前、「先祖の墓前で死にたい」と何回も漏らしていたといい、その後は名前を変えてひっそりと暮らしていたそうです。

渡辺六郎は銀行家として預金者ときちんと向き合っていた。自分の責任から逃げようとはしていなかった。むしろ彼に足りなかったものは、時には非情にならねばならない経営者としての果断さであり、官僚や政治家の狡猾《こうかつ》さと伍《ご》して闘うしたたかさだったのではないかというのが、私の実感です。

裏白紙幣、本物もニセモノ化する世の中

相次ぐ銀行の休業、倒産により金融の大混乱を招いた憲政会の若槻礼次郎内閣は、昭和二（一九二七）年四月に総辞職。代わって政友会の田中義一《たなかぎいち》内閣が成立、高橋是清《たかはしこれきよ》蔵相のもと、三週間のモラトリアム（支払猶予）が公布され、日銀は特別融通などの緊急貸出を実施します。モラトリアムとは、銀行が預金者に預金を返さなくてよい期間です。

その間に、大量の日本銀行券が発行されました。短期間で大量の紙幣を印刷しなければならないので両面印刷をしている時間がなく、裏面印刷の施されていない二百円札というのも世に出回るようになります。俗に「裏白紙幣」と呼ばれました。

新しい紙幣を発行したときには内務省を通じて、警察にその銀行券の見本を届ける決まりになっていたのですが、あまりに慌てていてその手続きが行われなかったというのです。二百円札というのはそれまで発行されなかったうえに、裏面が真っ白。この二百円札を使った人が紙幣偽造の容疑で逮捕されてしまうという珍妙な事件も起きました。震災手形という問題が生んだトラブルを解決するために、本物なのにニセ札にしか見えない紙幣が印刷される、なんとも皮肉な話です。

このことを考えるとき、私は竹内好の言葉を思い出します。のちに一部が『転形期　戦後日記抄』（創樹社）として刊行された日記が『竹内好全集　第16巻　日記（下）』（筑摩書房）に収められているのですが、その中で竹内はこう書いています。

ニセ札に報償金がついた。三千円以上という。今まで発見されたものだけで二百枚に近い。これでまた話題になるだろう。ただ私は、ニセ札をあつかうジャーナリズムの態度が気に入らない。ニセとは何か、本物とは何かをもっと疑わねばならぬのに、そうしていない。必要流通量以上に放出される通貨はすべてニセではないのか。(中略)ニセ札事件をインフレーションと結びつけて論じる評論があらわれぬのはおかしい。ニセ札の鑑別法や図柄だけが話題になるジャーナリズムは健全でない。これは左翼ジャーナリズムをふくめての話である。

(一九六二年九月十一日)

「必要流通量以上に放出される通貨はすべてニセではないのか」

まさしくその通りだと思うのです。

実体経済から離れた絵空事的〝貨幣〟などというものは、みなニセモノではないか。震災手形がそうであり、バブル経済がそうであり、今のアベノミクスもそうです。実体のないものに下駄を履かせて価値があるかのように思わせたところで、所詮《しょせん》ニセモノはニセモノ、どこかで必ず綻《ほころ》びが出るのです。そのツケに痛い思いをしないためには、「ニセとは何か、本物とは何かをもっと疑わねばならぬ」のです。

恐慌を機に大きくなった銀行

金融恐慌で銀行が次々と潰れていったといっても、すべての銀行が窮したわけではありません。預金者はより安全なところへ預け替えようとします。

そこで、逆に大きくなった銀行があります。三井《みつい》・三菱《みつびし》・住友・安田・第一の五大銀行、いわゆる「ビッグ5」と、郵便貯金とに集中していくのです。

全国普通銀行預金に占めるビッグ5の割合は、昭和元（一九二六）年末には二四・三パーセントだったのが、翌昭和二年末には、三一・二パーセントにアップしています。中小銀行がどんどん整理されていき、ビッグ5を中心とする銀行の整理統合が急ピッチで進んだのです。

安田はのちに富士《ふじ》銀行になり、第一は第一勧銀《かんぎん》になり、富士と第一勧銀等が一緒になって、今のみずほになった。三井は太陽神戸《たいようこうべ》三井になり、さくらになり、住友と一緒になって三井住友になった。三菱は東京三菱になり、三菱UFJとなった。往時のビッグ5は、今も脈々と続いています。

大正期にしばしば銀行の取付け騒ぎがあったという話をしましたが、この時期、金融改革は政府の大きな課題の一つでした。明治二三（一八九〇）年に制定されたままの〝ルーズ〟な銀行条例を新銀行法に改めることにとりわけ力を入れていたのは、もともと実業界にいた片岡直温だったのです。そして皮肉にも、新銀行法が成立したのは彼の〝失言〟の三日後でした。もう少し早く法律ができていたら、あるいは昭和金融恐慌は起こらなかったのかもしれません。

以後、銀行を潰さないよう、大蔵省による指導、監督が進んでいきます。大蔵省による銀行の〝護送船団〟方式ができ上がっていくわけです。

銀行が簡単に潰れない仕組みになるというのはいいことではありますが、大蔵省と強い銀行が何をしたかというと、安定した企業相手の金融をすることで安全を求めました。それは、一般市民のための銀行という道ではなかったのです。

日本経済の高度成長とともに、潰れない銀行はいよいよその力を強大にしていく。銀行が一般人を相手にしなくなったことで、「サラ金」というものができてくるわけです。いわば社会の徒花《あだばな》として、そういう金融業者が登場する。サラ金をよくないものと決めつけるのは簡単ですが、本当に考えなければいけないのは、そのサラ金がなぜできたのかということです。

「責任の腑分け」をする必要

昭和恐慌の発端となった東京渡辺銀行の破綻を書くためにさまざまな資料を読み込んでいたとき、『昭和大蔵省外史』（昭和大蔵省外史刊行会）の中に捨てて置けない記述を見つけました。

大蔵省は当時、震災手形法案の国会通過を待って、東京渡辺銀行ほか「震手を所持している東京市内の二流銀行」四行を整理統合し、強力な一銀行を新設する方針で、昭和二年一月ごろから各銀行の資産内容の調査を開始していたというのです。東京渡辺銀行を受け持っていたのが、先にも出てきた原邦道事務官で、連日遅くまで銀行の責任者を招いて調査を進めていた。

こういう状況があったうえで、渡辺六郎が三月一四日に大蔵省を訪ねていたことを考えると、この日の大蔵官僚たちの対応はあまりにも誠意が感じられない〝お役所仕事〟の極みだった、と言わざるを得ません。

渡辺銀行は窮地に陥り、事態収拾の相談を持ちかけていた。それに対して官僚たちは、すでに〝見捨てていた〟のではなかったか。彼らの責任というものがまったく不問にされていることに、私は強く怒りを覚えるのです。

日本人は、責任の所在を腑分《ふわ》けして考えることが不得手です。「この問題の責任はどこにあるのか」というとき、とかくある一箇所にすべての責任を押しつけがちです。しかしこの社会で多くの人たちが関わって起きている出来事で、誰かだけが一〇〇パーセント悪く、そこだけに全責任がある、などということはないと私は思います。

東京渡辺銀行の破綻についてもそうです。渡辺銀行の経営陣、治右衛門や六郎などの経営の甘さ、銀行としての失点はたしかにあった。しかし同時に、世間に大きな動揺や不安を与える失言をした片岡蔵相にも責任があった。そして大蔵官僚たちの責任も多大にあった。にもかかわらず、現実としては渡辺家のみが責任を問われ、断罪されるかたちとなった。責任の腑分けがなされませんでした。

片岡は〝失言大臣〟として歴史にその名をとどめることになりましたが、この問題に関与していた大蔵官僚たちは、完全に責任を逃れています。一部の「民」が切り捨てられ、「官」が何事もなかったかのように生き残る。これは日本の悪しき体質です。歴史を教訓として活かすためには、責任の所在をきちんと腑分けして捉《とら》え、今後どうしていけばいいのかを個別に考えるということが求められて然《しか》るべきなのですが、残念ながら、教訓にできていない。だから同じようなことが何度でも繰り返されていくのです。

歴史学者の網野善彦《あみのよしひこ》さんが、「その国の主権が及ぶ海域を『領海』と呼び、その外を『公海』と呼ぶ」ということをおっしゃっていて、なるほどと思ったことがあります。「公」いわゆるパブリックというのは、特定の領域を超えたものなのです。「国」なんかを超えるもの。

ところが、日本の資本主義というのは、明治以降、「官」、要するに「国」に支配されてきました。官営富岡《とみおか》製糸場や官営八幡《やわた》製鉄所に象徴されるように、まずは「官」が「民」のお手本だといって、上から指導してきた。そのため、「国＝官」であり「＝公」であるという考え方が定着してしまった。

「国＝公」と思い込んでいる最たるものが官僚で、国家を背負っている自分たちは、何をしても許されると思っています。

官僚とは「公僕」、公の「しもべ」です。公務員とは公のために務める人。その公とは国ではなく、公共、市民なのです。公益を考えて官僚となったはずの人間が、〝公僕〟という仮面をかぶって自分たちの責任をうやむやにし、「私」の保身を図る。

この構図はいまだに変わっていません。

昭和初頭のこの事件でもっと問わなければならない問題はそこだったのではないでしょうか。

第二章　なぜ軍国主義に染まっていったのか

苛烈化する思想

架空の「日米戦記もの」が流行っていた

大正から昭和初期にかけて、「日米戦記」の本が流行《はや》っていたこと、知っていますか？

佐藤優《さとうまさる》さんと対談をしたときに教えてもらったのですが、日米戦争をモチーフにした空想小説が当時、一大ブームになっていたといいます。

佐藤さんは、樋口麗陽という作家が大正時代に出した『小説　日米戦争未来記』（大明堂書店）という本を古本屋で見つけ出した。奥付を見ると、大正一三（一九二四）年発行の二七版。初版は大正九（一九二〇）年で、四年間でそんなに版を重ねるほどのベストセラーだったわけです。

内容は、二〇世紀末に日米戦争が起こる、そのときにどんな事態が生じるかという想定で描かれているものです。現実はそれよりもはるかに早く戦争になってしまいましたが、随所にけっこう的確に歴史を予測している部分があり、なかなか面白い。佐藤さんはそれを現代風に書き換え、『超訳 小説日米戦争』（ケイアンドケイプレス）として二〇一三年に再出版しています。

それで、興味を持って調べてみたら、たしかに当時は「日米未来戦記もの」がたいへん人気を博していたらしいのです。それも日本の作家が書いているものだけではなく、アメリカ人、イギリス人の書いた翻訳ものも多々あった。

たとえば、イギリスのH・C・バイウォーターという人が書いた『太平洋大戦争』という小説も大ベストセラーになった作品でした。

中国の権益をめぐって日米間に対立が深まり、一触即発の緊迫した状況になる中、パナマ運河を航行していた日本の商船が謎の大爆発を起こす。これを契機に開戦となるが、パナマ運河が使えないため、大西洋にいたアメリカの主力艦隊はすぐに太平洋艦隊と合流できない。その間に日本海軍はフィリピンを陥落させ、グアムを手中に収めるが……という話で、この作品は新聞雑誌にもずいぶん紹介され、翻訳も数種類出されて大人気だったそうです。

当時の人たちはそういうものをけっこう読んでいたんですね。決して日本が勝つような話ばかりではなく、もう少し時代が下れば発売禁止になっていたでしょう。そういうことを考えてみても、大正時代は言論の制約が少なく、大らかな時代だったということがわかります。

アメリカやイギリスの先進帝国主義国に遅れて日本は植民地争奪戦に参加するわけですが、まだ、直接利害が衝突しなかったからかもしれません。

三・一五から五・一五、時代は問答有用から問答無用へ

この時期はプロレタリア文学も隆盛でしたが、昭和に入ると徐々に思想弾圧が強まってきます。

数年前、小林多喜二《こばやしたきじ》の『蟹《かに》工船』が大ブームになりましたが、『蟹工船』が発表されたのは昭和四（一九二九）年のことでした。このころから社会主義、共産主義思想への監視、締めつけが厳しくなります。

昭和三年、治安維持法違反容疑で日本共産党や労働農民党などの関係者約一六〇〇人が検挙される三・一五事件が起きます。

小林多喜二はこれを題材に『一九二八年三月十五日』を発表し、プロレタリア文学の新たな旗手として脚光を浴びました。その後『蟹工船』や『党生活者』などを書きますが、昭和八年、特高につかまって激しい拷問を受けて死亡します。

話は少し逸《そ》れますが、この時代は就職難でもありました。小津安二郎《おづやすじろう》の「大学は出たけれど」という映画が流行り、この言葉が流行語になりました。

逸れついでにもう一つ。

当時「改造」という総合雑誌がありました。今で言うと「世界」や「中央公論」のような位置づけのものです。急進的な評論などを多く載せることでも知られていました。

昭和四年八月、この「改造」の懸賞論文で一等になって文壇デビューしたのが、のちの共産党議長、宮本顕治《みやもとけんじ》です。そのときに書いたのが、自殺した芥川龍之介を敗北者と位置付けた「『敗北』の文学」という論文でした。

このときに二等だったのが、小林秀雄《こばやしひでお》の「様々なる意匠」。私なんかは学生時代に暗記するほど読んだものですが、小林秀雄を宮本顕治がしのいだのです。

私は、このことで宮本顕治が自分の表現力にヘンに自信を持ってしまったのだと思っています。文芸ないしは思想について、自分ほどよくわかっている人間はいないんだという意識になって、のちの共産党の思想統制とか文学統制につながっていくことになったのではないか。そんなことを考えさせる出来事です。

話を本筋に戻しますと、三・一五事件以降、きなくさい事件が次々と起き、社会不安が増していきます。そして「もの言えぬ」時代へと移り変わっていくのです。

昭和三（一九二八）年三月には三・一五事件（共産党大検挙）が、同六月には張作霖《ちょうさくりん》爆殺事件が起こります。翌昭和四年一〇月には世界恐慌が始まります。

昭和六年九月には満州《まんしゅう》事変（柳条湖《りゅうじょうこ》事件）が起き、翌昭和七年五月には五・一五事件（犬養《いぬかい》首相暗殺）が起きました。五・一五事件の際、犬養毅《つよし》は屋敷に乱入してきた陸軍の若い士官候補生と海軍少尉に対して、「まあ、靴でも脱げや。話を聞こう」と言う。しかし、殺気立った青年将校たちは「問答無用、撃て！」と九発の銃声を轟《とどろ》かせ、時の首相を亡き者にする。

このやりとりに象徴されるように、「話せばわかる、話すことによって、理解を深めていける」という考え方が潰《つぶ》されて、「問答無用」の狂気が幅を利かせる世の中になっていったのです。

ある新聞小説の波紋

当時、たいへん話題になった新聞連載小説がありました。それは「真理の春」という小説で、昭和五（一九三〇）年一月から夏にかけて東京朝日新聞で連載されました。

著者は細田民樹《ほそだたみき》。細田は自身の軍隊生活を素材にした『或兵卒の記録』で注目を浴びたプロレタリア作家ですが、弾圧が激しくなって通俗小説に転向していきます。

「真理の春」の主人公は、東モスという会社に勤めるサラリーマンですが、地下活動をする友人をかくまった容疑で検挙され、留置場に入れられる。彼の会社は実は倒産寸前で、それをめぐって、財閥間の陰謀、政界との取り引きといった腐敗の構図が見えてくる。それらがすべて従業員、労働者の犠牲のうえに進められているのを知り、主人公が闘争に乗り出していくというものです。

私はこれを『日本プロレタリア文学集・30　細田民樹、貴司《きし》山治《やまじ》集』（新日本出版社）で読んだのですが、「今日の経済小説のようだ。企業小説の先駆だな」という感想を持ちました。

東洋モスリンという実在の会社の争議の話が軸になっていて、上層部、トップの腐敗、それに対する社員やその家族の苦労と悲哀が書かれている。当時の社会状況、経済のありようがリアルにつかめるのです。

この作品が話題になったのは、作中に出てくる実業家、財閥、政治家などの登場人物が、明らかに「この人をモデルにしている」とわかるようなかたちで書かれていたことにもありました。ブルジョア階級の暴露話として、ゴシップ的な興味の持たれ方もしていたのです。

モデルとされていたのは、当時の三井、三菱、住友などの財界人や政治家で、池田《いけだ》成彬《しげあき》、大倉喜八郎、井上準之助《いのうえじゅんのすけ》、根津嘉一郎《ねづかいちろう》、各務鎌吉《かがみけんきち》、郷誠之助《ごうせいのすけ》といった人たち。

彼らからの強硬な抗議があったり、金銭で買収して小説の筋を曲げようとされたり、暴力団に狙われたり、著者の身辺にはいろいろトラブルが巻き起こりました。

結局、強い圧力がかかって、途中で連載中断になってしまいます。

そんな中で、著者の細田にはいささか皮肉な思い出もあるという。ある夜、参謀本部の中堅将校に銀座《ぎんざ》のサロンに連れ出された。そこに八、九人の軍部の人たちが集まっていて、彼らから「日本の大衆や農民に、資本主義の悪というものをほんとうに教えてくださってありがたい」などと言われた。

細田は軍隊生活を書いた作品でデビューした人ですから、その自分が軍人たちから感謝され、歓待を受けることになったことに、ちょっと複雑な思いがあったのでしょう。

なぜ軍人たちは喜んだのか。彼らの言う「資本主義の悪」とは何か？

軍人は資本主義経済のからくり、金が金を生む仕組みに、疑念を感じていたのです。

第一次世界大戦による世界的な金本位停止の流れの中で、日本も大正六（一九一七）年に金輸出を禁止していました。その後、昭和三（一九二八）年までに世界の主要国はどんどん金本位制に復帰していましたが、日本は関東大震災や金融恐慌の影響で復帰できずにいました。

昭和四（一九二九）年に田中義一内閣が総辞職し、浜口雄幸《はまぐちおさち》内閣が成立すると、政府は蔵相、井上準之助のもと、金解禁を断行するという声明を出し、国際競争力をつけるために、緊縮財政と産業合理化を行うと提唱しました。しかしこれが労働強化、賃下げを招くこととなり、労働争議が次々と起こりました。

同年一〇月にニューヨークで株価大暴落、「暗黒の木曜日」が起こり世界恐慌が始まっているのに、政府は無理やり金解禁を実施します。円高のため貿易は振るわず、金が流出し続けます。

昭和六（一九三一）年九月にイギリスが金本位制から離脱、各国もこれに続きます。すると、日本も再び金輸出再禁止になるだろうと見越した日本の財閥、資本家たちは、大量にドルの思惑買いを行いました。要するに投機です。実体と離れたかたちの賭博経済に走った。

前章、金融恐慌のところで、恐慌によって等し並みに銀行の力が弱まったわけではなく、「ビッグ5」は逆に大きくなったという話をしました。資本のあるところにはますます富が集中する。財閥は、自分たちの利殖のために経済をもてあそぶわけです。そして、労働者の犠牲のうえで、より肥え太っていったのです。

軍人は、こうした近代資本主義の構造を悪しきものだと批判的に見ていました。日本から金がなくなる、つまり国の富を減らす売国的行為をブルジョアたちはやっている、けしからん、と思っていたわけです。だから、「真理の春」の中でブルジョア階級の人たちの姿が暴露され、多くの人々がその実態を知ることになったと、彼らは喜んだのです。

近代資本主義が進んでいく中で引き起こされるさまざまな問題に対して、細田民樹には共産主義的視点からの批判があったわけですが、軍人たちにもまた、資本主義批判の気持ちがあったということです。

青年将校や農村の若者はなぜテロに走ったのか

その不満が先鋭化し、日本を腐らせているのは資本主義に毒された支配者層だ、彼らを倒して社会を変えなければいけない、という義憤を抱くようになった人たちが、集団テロを起こします。

昭和七（一九三二）年に、前の蔵相だった井上準之助や、三井合名理事長の団琢磨《だんたくま》が殺される血盟団《けつめいだん》事件が起きます。彼らは、政財界の要人を一掃して国家をつくり直すというクーデターを計画していました。血盟団の中心人物は井上日召《いのうえにっしょう》という宗教家で、その思想に共鳴して集まったメンバーは、軍人やエリート学生、地方の青年たちでした。

中島岳志《なかじまたけし》さんが『血盟団事件』（文藝春秋）という本を出しています。なぜ彼らがテロへと向かっていったのかを、現代の若者たちが感じている格差、貧困、孤立感といった問題も被《かぶ》せながら、現代史的視点で捉《とら》えています。これは読み応《ごた》えのある本です。

血盟団のクーデターは未遂に終わります。しかしその残党も加わって、同年五月に犬養毅が暗殺される五・一五事件が起きます。海軍青年将校や陸軍士官候補生、民間の右翼青年たちが武装して首相官邸などを襲撃した事件です。

こうしたテロ事件を考えるうえで一つのキーワードになるのが、「農本主義」という考え方です。

日本は古来、「豊葦原《とよあしはら》の瑞穂《みずほ》の国」として、稲が豊かに実って栄える国と言われてきました。その稲作こそが産業の基本、立国のもとだというものです。新嘗祭《にいなめ》、大嘗祭《だいじょう》が天皇家の大事な行事になっていることからもわかるように、天皇制と稲作というのは切り離せないものです。天皇を擁して農業に軸足を置く国家をつくるというのが、農本主義の根幹です。

資本主義というのは、ひとことで言えば「工業化」への道です。農業をないがしろにして、労働力を工業化にばかり向けていいのか。発展、繁栄がそこにばかりあっていいのか。そもそも農業は自然が相手であって、いちばん工業化しにくい部分です。資本主義のあり方に疑問を持ち、どうしたらこの社会を変えられるだろうかと考えたときに、農業を尊重する社会という思想がクローズアップされてくるわけです。

農本主義は、農村の若者のみならず、軍人たちにも影響を与えます。なぜなら、軍人というのは農家出身者が多い。とくに地方の中小農家の出身者が多いからです。

そのころ農本主義を唱えていた人に、たとえば橘孝三郎《たちばなこうざぶろう》がいます。橘はマルクスやトルストイの影響を受けて農本主義に目覚め、愛郷塾《あいきょうじゅく》というのをつくって農村の青年たちを啓蒙《けいもう》しました。そして、兵農一致による体制変革を主張し、農村の青年たちを率いて五・一五事件に参画しました。

あるいは、権藤成卿《ごんどうせいきょう》。資本主義を排して農村の自治に基礎を置く復古的農本主義を唱えて、血盟団事件のあと、五・一五事件にも関与しています。

農業を尊重するということで、もともとは体制を維持していくという考え方だった農本主義が、体制批判的な性格を持つようになって変わっていくわけです。そして兵農一致、つまり武力を行使するというかたちになっていくことで、より軍部と結びつきやすくなっていったのです。

愛国心の行方

なぜ若者たちがテロを主導する思想に搦《から》め捕られていったのか。一つのポイントとして「愛国心」と「愛郷心」の分離ということもあります。

当時の農村の窮乏というのは切実でした。農村の娘たちの身売りが非常に多かったのもこのころです。農村から出てきた軍人にとって、自分は郷土のため、国のために働いているんだと思えているときはいいですが、自分たちの郷里は国内の植民地のようなもので、国は自分たちのような若い労働力を提供させ、よりいっそう農村を疲弊させているというところに気づいてしまう。

そうすると、愛郷の思いと愛国心が乖離《かいり》していく。郷土を愛するがゆえに、現体制への不満や怒りが募って、国に対して反感、反逆の念が湧く。軍人になろうとしたときは国を守ろうと思っていたでしょうが、愛郷と愛国の裂け目が広がってしまうことで、矛先が変わってしまう。反体制的なテロ、クーデターといった行動に結びついてしまうわけです。

当時、若手の軍人たちがテロに加わっていった背景には、そういう面もあると思います。彼らは、訓練として人を殺す練習をさせられていますから、軍事行動を起こすとなると農民より強い。自《おの》ずとその中心になっていきます。

軍隊というのは、やはり国家の暴力装置なんです。人は武力を持ったら、暴力の歯止めが利かなくなる。人を殺せる武器の扱い方を知ってしまって、つねに武器を身につけるようになってしまったら、いざというときにその技術を使ってしまう。たとえ「そんなことに使うつもりはないから」などと言ったところで、「そんなこと」が、いつどんな状況でどう変わっていくかは当事者でも予測しきれないわけです。

愛国心、パトリオティズムというのは、人を動かしたいときによく利用されます。

安倍晋三などがいい例で、不満を言うやつは愛国イデオロギーで抑えつける。「あなたには愛国心がないのか」という論法で愛国心の押しつけをします。

そうしたときに、まじめ一途《いちず》で、複眼思考のできない人は、押しつけの愛国心に搦め捕られやすい。「そうか、これは愛国心なんだ」と思うと、同調しやすい。

しかし、別に安倍晋三が考えるようなことだけが愛国心ではないのです。人によってさまざまなかたちの愛国心がある。愛国心というものから最も遠いと思われているかもしれませんが、私にだって愛国心はあります。安倍などが考えるのとはまったく別物ですけれども。

これだけが正しいと単眼で思い込むのではなく、いろいろな愛国心があるのだと他者の考え方を受容できると、一面思考に搦め捕られなくなります。

もっと言うと、右翼だ、左翼だというのも正反対の思想ではなく、案外共通しているところがあるものです。三・一五事件で逮捕された共産主義者が目指していたのは、体制の変革です。そして、血盟団や五・一五、その後の二・二六といった軍事クーデターを起こした者たちのねらいも国家改造です。両者はともに社会を変えたかった。

そういう意味では、どちらもそれぞれの論理での愛国心があった。

違うのは、共産主義は天皇制廃止を唱え、軍人や右翼青年たちは天皇の力を擁して変えていくという姿勢であって、世の中を変えたがっていたという点は共通していた。

ですから、どんな相手にも理解できる部分はあるわけで、その受容性を持てない人が短絡的に苛烈《かれつ》な思いをぶつけていくところに、戦争というものが起きるのです。

そこのところを、若い世代の人たちにはよく知っておいてほしいと思います。

二・二六事件

昭和一一（一九三六）年二月、青年将校たちが一四〇〇人余を率いてクーデターを起こします。二・二六事件です。内大臣・斎藤実《さいとうまこと》、蔵相・高橋是清、教育総監・渡辺《わたなべ》錠太郎《じょうたろう》を殺害し、侍従長・鈴木貫太郎《すずきかんたろう》に重傷を負わせたほか、首相秘書官、警察官などを殺傷し、永田町一帯を占拠しました。

二・二六事件の理論的指導者が北一輝《きたいっき》です。

目的は、「昭和維新」を断行するため、天皇の周りにいる旧《ふる》い勢力、いわゆる「君側の奸《かん》」を排し、皇道派による軍部政権を打ち立てるというものでした。

天皇親政のもとに新たな政権樹立を目指してクーデターを起こしたけれども、天皇はこれを反乱軍とみなし、結果、天皇の名によって幹部は処刑されるわけです。

処刑された中に磯部《いそべ》浅一《あさいち》という人がいます。苛烈なまでに天皇を奉じており、最後、獄中日記を書いているのですが、そこに天皇に対して呪詛《じゅそ》の言葉を記しています。

八月廿八日

（略）今の私は怒髪天をつくの怒りにもえています、私は今は　陛下を御叱り申上げるところに迄　精神が高まりました、だから毎日朝から晩迄　陛下を御叱り申しております、

天皇陛下　何と云ふ御失政でありますか　何と云ふザマです、皇祖皇宗に御あやまりなされませ、

（『二・二六事件』）

天皇に対する一途な、そしてゆがんだ敬愛が強すぎて、行きすぎを生んだ典型です。この事件によって岡田啓介《おかだけいすけ》内閣が倒れ、これ以後、軍部が組閣に干渉して政治的発言権を強化し、ファッショ路線を推進していくようになります。

日本国内がこうしたテロ騒ぎで混乱状況にあったとき、満州でもブレーキが利かなくなった軍人たちがいました。彼らの独断専行に引っ張られるようにして、日本は戦争に突入していきます。

次章では、この時期に満州で同時進行していた出来事について話していきましょう。

第三章　なぜ「世界の孤児」へと暴走したのか

満州事変から国際連盟脱退にいたる道

九・一八事件とは何か

三・一五があり、五・一五があり、そして二・二六があったと言いましたが、その間に「九・一八」事件も起きています。何かわかりますか。

昭和六（一九三一）年九月一八日、それは満州事変の始まりです。「真珠湾《しんじゅわん》攻撃の始まった日は？」と聞かれたら、日本人の多くが一二月八日と即答できます。しかし「満州事変の始まった日は？」と尋ねられて、さっと答えられる人は少ないでしょう。

中国では満州事変は「九一八事変」と呼ばれ、九月一八日は重要なメモリアルデーです。日本からの侵略が始まり、長い抗日の戦いを強いられることになった日として深く記憶されているのです。

事件の起きた現場近くには、九・一八歴史博物館という記念館がつくられており、ここでは今も九月一八日に記念行事が行われます。「勿忘9・18」というスローガンのもと、この日に激しい抗日デモが行われることもあります。

中国との関係を考えるうえで、九・一八は重要な意味を持つ日なのです。

日米開戦の一二月八日はよく知られているのに、なぜ九月一八日についてはほとんどの日本人が知らないのでしょうか。

それは、日米開戦については直後から大々的に報道されてきたのに対し、満州事変の真相は長く隠され続け、わざとうやむやにされてきたからです。

もちろん政府の中枢部の人たちは、何が起きていたかを知っていました。しかし、国民には長いあいだ知らされませんでした。なぜなら、満州事変は、ブレーキが利かなくなった日本軍の強硬派が暴走して戦争に突入していったものだったからです。

敗戦後、戦争責任を問う東京裁判が行われ、さまざまな証言が公表されるようになったころから、ようやく本当にあったことが表に出てくるようになったのです。

九・一八歴史博物館は私も取材で訪ねたことがありますが、中国側から見た日本の侵略や抗日戦争に関する展示がされており、満州事変の首謀者として、二人の日本人のレリーフが掲示されていました。板垣征四《いたがきせいし》郎《ろう》と石原莞爾《かんじ》です。いろいろな人が関与していた中、決して忘れられない人物がこの二人なのです。

事変が起こるまで

昭和六（一九三一）年九月一八日、奉天《ほうてん》（今の瀋陽《しんよう》）郊外の柳条湖で、南満州鉄道（満鉄）の線路爆破事件が起きました。

満州（今の中国東北部）に駐屯《ちゅうとん》していた日本陸軍の部隊、関東《かんとう》軍は、「これは中国軍の仕業だ」と言って、即座に軍事行動を開始しました。ところが、本当は中国側が起こしたのではなく、関東軍が軍事行動をとる口実作りのために、自作自演で起こしたものだったのです。

この柳条湖事件をきっかけとして、関東軍は総攻撃を進めて満州を占領。日本と中国は一五年戦争に突入していきます。

そもそも日本が満州で権益を獲得するようになったのは、日露《にちろ》戦争を契機としています。以来、満州における権益をいかにして維持、拡大していくかに日本はたいへん力を注いでいました。

正確には、満州だけでなく内蒙古《ないもうこ》（内《うち》モンゴル）を含めた「満蒙」というエリアになりますが、島国日本の二倍以上の広さがあり、資源もたくさん眠っている土地です。

この権益を絶対に手放したくない、いやもっと拡大したい。今はさまざまな摩擦に対して思うような対応ができないけれど、直接統括地にして支配を強めてしまうことができたらいい、植民地にしてしまいたい、という考えも出てくるようになるわけです。

日本は関東州と満鉄などの権益を守るために、関東軍と称する軍勢を駐屯させていました。基本的には「自衛のためです」という軍隊です。しかし軍部というのは戦争をしたくてたまらない人の集まりですから、いろいろなことを考える。向こうが攻撃を仕掛けてきたから、自衛のために対応したと言えば、なんだってできてしまいます。

当時の日本軍はまったくの負け知らずですから、自信があります。

中国では、袁世凱《えんせいがい》の死後、全土を完全に統治する統一政府が存在しない状態となり、各地で軍閥が割拠するような状況にありました。植民地にしたいと考える人たちにとっては、ある意味ではチャンスです。

そう考えていたのはもちろん日本だけでなく、列強も中国を狙っており、軍閥と各国との間でさまざまな駆け引きが繰り広げられるようになっていました。

昭和三（一九二八）年ごろの日本の対中国戦略は、国民政府（蔣介石《しょうかいせき》政権）を一応は容認するけれども、満蒙については奉天軍閥、張作霖と組んでうまく日本の満蒙権益を保持していこう、という姿勢がとられていました。張作霖というのは軍閥の中でも最大の勢力を持っており、日露戦争のころからの親日派でした。

ですが、軍部の中にはこの機に軍事力を行使しての満蒙領有を目指すべきだと考える強硬派もいました。

柳条湖事件の起きる三年前は、そんな状況にありました。そのころ、もう一つの爆破事件が起きていました。

もう一つの重大事件

満州事変からさかのぼること三年の昭和三（一九二八）年六月、柳条湖事件が起きた場所のほど近くで、奉天軍閥の指導者、張作霖が乗っていた鉄道車両が爆破される事件が起きていました。この爆破によって張作霖は死亡します。

当初は、張作霖と敵対関係にある中国軍の仕業だとされていたのですが、実はこれも関東軍の謀略によるものでした。

張作霖はもとは親日派でしたが、次第に日本の意のままにならなくなります。そんな張作霖の存在が面白くなく、邪魔だと思う人たちがいた。軍事力で満蒙領有をしたいと考える軍部強硬派です。

トップが死んで奉天軍閥が混乱を来している隙に、満州を占領して乗っ取ってしまう計画で、張作霖を暗殺したのです。

この事件はすぐに日本にも知らされました。関東軍は、国民革命軍のスパイの仕業だと報告しましたが、中国の新聞も、外国の新聞も、事件の背後には日本陸軍が関与しているという報道をしており、やがて日本政府にも関東軍の謀略であるという情報が伝わりました。議会でも取り上げられる問題になったのです。

調べた結果、関東軍参謀、河本大作《こうもとだいさく》大佐らの犯行であることが判明します。日本の軍人が中国の要人を暗殺したと発表すれば、大きな国際問題に発展するおそれがある。日本に不利な状況を招くかもしれない。政府内部では、この事件をどう処理するかで見解が割れました。はっきり公表すべきだという意見と、公表すべきではないという意見、時の田中義一首相は、政府としての見解をなかなかまとめられません。

陸軍出身の軍人だった田中は、結局、閣僚や軍関係者から関東軍の関与を表沙汰《おもてざた》にしないようにと激しく突き上げられ、「日本の軍人が関与しているとは確認できなかった」とウソの発表をします。また、犯人には厳しい処分はされませんでした。田中首相のこうした一連の対応は、この問題に当初から関心を寄せていた天皇の激しい叱《しっ》責《せき》を買い、これが原因で田中内閣は総辞職することになります。

天皇は、真相を知りながらそれを公表しないで偽りの発表をすると報告してきた田中に、首相として責任を取れと言っていたのです。しかしその一方で、真相の公表をしないことを裁可していました。

張作霖爆殺事件が日本軍によるものだということは、人々には伏せられ、こうした経緯が明らかにされたのは敗戦後のことです。

また、昭和天皇と田中首相とのあいだでどういうやりとりがあったのかが明白になったのは、平成に入って『昭和天皇独白録』（文春文庫）が公表されるようになってからのことでした。

さて、張作霖亡きあと、満州では何が起きたのか。

奉天軍閥は張作霖の息子、張学良《がくりょう》が後を継ぎました。父の暗殺の真相を知った張学良は、日本に対する態度を硬化させます。そして、これまで緊張関係にあった国民政府の傘下に入ることに方針転換するのです。

これにより、満州の外交権は南京《ナンキン》の国民政府の管轄となり、日本は今までのような自由が利かなくなりました。

張学良は、南満州鉄道に並行する新しい鉄道を開設したり、経済的に日本に反目する政策をどんどん強めていきます。世界恐慌のあおりも受け、満州における日本経済は大打撃を受けました。

こういう流れの中で、関東軍の強硬派は、より過激なことを考えるようになります。

ひと思いに軍事行動に出られるような状況をつくり出し、武力で満州を日本の完全支配下に置くしかない、と考えるようになるのです。

第一の謀略が厳しく処断されなかったために、次なる謀略を生む土壌が準備されてしまったようなものでした。

張作霖爆殺事件のときよりももっと緻密《ちみつ》で計画的な謀略を立てなくてはならない。それを具体的に計画し、実行に移して満州事変を勃発《ぼっぱつ》させた首謀者、中心人物が、石原莞爾であり、板垣征四郎だったのです。

板垣は石原の上官で、「計画の石原」「実行の板垣」と言われる強力なコンビでした。

暴走を始めた関東軍

張作霖爆殺事件のときには、石原莞爾はまだ関東軍にはいませんでしたが、その年、昭和三年の一〇月に関東軍参謀、中佐として満州に赴きます。その半年後に旧知の板垣征四郎が上官、関東軍高級参謀、大佐として赴任してきます。二人は、ちょうど張作霖爆殺の犯人、河本大作らの後任として着任するのです。

それ以前、陸軍大学校の教官をしていた石原には、戦争のあり方について石原なりの明確なビジョンがありました。『戦争史大観』（中公文庫）としてのちに出版される戦争史観の根幹はすでに構築されていて、どういう戦争のやり方をすることがよくて、その結果、日本はどうなっていくかを見据えていた。

昭和六（一九三一）年に発表している「満蒙問題解決ノ為ノ戦争計画大綱」には、鍵《かぎ》を握るのは帝国陸軍であり、日本が「領有」することによって「完全達成」される。その目的達成のためには、「対米戦争の覚悟を要す」。もし米国と戦うことを考えないのであれば、日本は武装を解くほうが有利だ。「対米戦争の準備」としてならば、すぐに開戦して「断固として満蒙の政権を我が手に収」めるべきである、と言っていました。

こういう考え方で周りを感化していくわけです。

その石原を中心に、強硬派が計画的に謀略を練り、準備を進めていきます。参謀として関東軍を牛耳るようになっていた石原は、中央と連絡をとるための電報を隠したり、命令を伝えることを意図的に怠ったり、報告すべきことを遅らせたり、司令官をだますようなこともやる。

そして、当時の関東軍司令官、本庄繁《ほんじょうしげる》が奉天を離れていた昭和六（一九三一）年九月一八日の晩に事を起こします。

当時、日本政府はあくまでも「戦争不拡大でいく」という方針でした。満州事変の勃発を知り、即座に「これ以上戦線を広げるな」という指示を出しています。しかし石原はこれを無視します。彼らの独断的動きはもうブレーキが利かない状態でした。

穏健だった司令官の本庄は、石原、板垣の上で彼らを抑える〝沢庵石《たくあんいし》〟のような存在だったと言われますが、石原らは待ったをかける本庄にゴリ押しして、吉林《きつりん》出兵、錦州《きんしゅう》爆撃と軍事行動をエスカレートさせていきました。

一〇月八日、張学良軍が拠点を設けていた錦州の空爆を行います。中国が満州事変のことを国際連盟に提訴し、理事会にかけられていたタイミングでした。

「錦州爆撃をやったんですか」と尋ねた幕僚に対して石原は、「錦州など爆撃しやしない、やったのは郊外の兵営だ」とうそぶき、「外務省の不拡大方針と国際連盟理事会が吹っ飛べばいい」と答えたと言われます。

こうして関東軍は、柳条湖事件から半年で満州の大半を占領してしまいます。

当時の陸軍刑法には「擅権《せんけん》ノ罪」というのがありました。規律を重視する軍隊においては、勝手な行動に出る罪は重かった。石原らがやっていたことは「擅権ノ罪」として軍法会議で処断されなければならないことに値するはずです。

外務省のチェックなども利かなかった。政府は、関東軍の暴走を抑制できず、関東軍が次々に軍事攻撃を拡大して、既成事実を作っていくのを追認するかたちになっていくのです。

石原莞爾とはどんな人物か

石原莞爾は明治二二（一八八九）年、山形県鶴岡《つるおか》市生まれ。同じ年に生まれている人物には、和辻哲郎《わつじてつろう》、室生犀星《むろうさいせい》、岡本《おかもと》かの子、チャップリン、ヒトラーがいます。

石原は晩年を山形県飽海《あくみ》郡高瀬《たかせ》村（今の遊佐町《ゆざまち》）で過ごし、墓所も遊佐にあります。故郷では、神様のような扱いをされています。

満州を引っ掻《か》き回した悪行については語られず、その後の戦争不拡大を主張して東条英機《とうじょうひでき》と対立、その結果、軍を離れて終戦に寄与した、などといったところが重視されて、郷土の英雄のような位置づけになっています。戦犯指名を免れたことも大きいでしょう。

私は山形県酒田《さかた》市の出身ですが、「そもそも満州事変を引き起こして戦争の火をつけた人物なのだから、戦犯として罪を問われて然《しか》るべきだった。終戦工作をやったかもしれないが、放火犯が消火作業を手伝ったからといって、放火の責任を免れていいわけはない」とずっと言い続けているものですから、郷里では極めて評判が悪いんです。

地元のみならず、石原莞爾のファンは今もかなり多い。ビジネスマンなどにもけっこう人気があります。

たとえば石原の主著と言ってもいい『最終戦争論』（中公文庫）という考え方があ

ります。世界の最終戦争というのは、白人の国のあいだで戦ってチャンピオンになるであろうアメリカと、有色人種のチャンピオンである日本とで決勝戦をやることになるんだという話です。そういう発想が、実際にビジネスで国際的に戦っている人たちの気持ちをくすぐるところがあるのでしょう。

既存の枠を打ち破っていく開明性というか突破力のようなものがある。満州建国の理念なども、ある意味でちょっと厄介にひらけたところがあります。

人を扇動する力があったことは確かです。素晴らしく頭が切れた、時代を先読みしていた、部下に対していばらず、上にははっきりとものを言う気質だった、というところを評価する向きもある。アンチ東条という側面もあります。東条英機と対立して、軍から追われたこと。結局、それが幸いして戦犯にならなかったのだろうとも言われていますが、戦局が悪化の一途をたどっているときに軍の中枢にいなかったことで逆に神格化され、石原がやっていたらもっと違う展開になったのではないかと考える人たちもいる。

さらには不戦論を展開したとか、終戦工作をやったこととか、そういうところも注目されて、平和主義者のように偶像視されてしまっているところもあります。

私はその虚飾のベールを剝《は》がしたい、美化されていく伝説を剝ぐ作業をしたいと考え、評伝『石原莞爾 その虚飾』（講談社文庫）を書きました。地元の人たちは苦虫を嚙《か》み潰《つぶ》すような表情で読んだらしい。私の父までが「ここまで書く必要があるのか」と文句を言ったくらいです。

私が石原莞爾のどこが問題だと考えているかというと、第一に謀略を仕掛けてまで戦争を始めたということ。石原莞爾が戦後に発表する「戦争放棄論」を私は高く評価しています。しかしだからといって、彼が満州事変を引き起こしたという責任はなくなるものではない。それがまず一点。

第二に、石原の満州建国の理念、とりわけその中心とされた「五族協和」「王道楽土」という発想は、人々にとってたいへん耳ざわりのいいものではあったけれども、実体が伴っていないということ。

石原の実像に近づくために私は彼について書かれた多くの本、資料を読みましたが、石原の生の言葉には、中国人を侮蔑《ぶべつ》するような表現が多々出てくる。ものすごい自信家だったということもあるのですが、傲慢《ごうまん》なのです。言っていることとやったことが全然違う。

つまり、本当に民族協和を望んでいたわけではなく、日本が満州を侵略するための戦略、詭弁《きべん》にすぎなかったのだろうと思います。

石原の考えていた満州国というのは、所詮《しょせん》、現実とかけ離れた構想、夢でしかなかった。そのために一体どれだけの人々を巻き込んでいったのか。

石原は日蓮《にちれん》宗に基づいた信仰を篤《あつ》く持っていたと言われていますが、どれだけ法華《ほけ》経をとなえようと、その罪の重さは許されるものではない。

私はそう考えています。

「満州は日本の生命線」というロジック

「満州（満蒙）は日本の生命線」

この言葉は当時の日本のスローガンでした。

これを言い出したのは自分であると松岡洋右《まつおかようすけ》は自慢気味に言っていますが、実際に誰の発案だったのかはよくわかりません。ただ、当時の時代情勢と非常にフィットして、国民に膾炙《かいしゃ》した表現でした。

「日本の生命線」の枕詞《まくらことば》のように用いられたのが、「二十億の国費、十万の同胞の血をあがなってロシアを駆逐して得た満州」というフレーズでした。日露戦争において二〇億という莫大《ばくだい》な国費を費やし、一〇万人の同胞の血によって手に入れたこの地を、他に譲るわけにはいかないではないか、という理屈です。そうやってまず愛国心に揺さぶりをかける。

そのうえに、今の日本国内は景気が悪く、農村の疲弊ばかりか都市部も厳しい就職難だ、閉塞感に覆われている、しかし日本軍が完全支配するようになった満州には、土地も仕事もたっぷりある、とたたみかける。

さらに、満州は日本人だけのものではない、五族（日本人・漢人《かんじん》・朝鮮人《ちょうせんじん》・満洲人・蒙古人）が協力しあって築く「王道楽土」だ、とあおる。

ものすごいプロパガンダです。

実際には謀略をめぐらせた結果なのですが、当時の日本人はそれを知らされていません。日本陸軍のやっていることは何か怪しいと思う人はいても、「陸軍はけしからん」という話を吹き消してしまうような訴求力を持つロジックがつくられていった。

こうして、「満蒙は日本の生命線」というのは、事実のように浸透していく。「混みあいますから満州へ」なんていう標語もありました。当時の日本は人口が増加していましたから、狭い日本を飛び出してこの新天地で一旗揚げようとする人々が続々と渡っていくようになるのです。

松岡洋右というのは外交官、政治家と思われているでしょうが、四〇歳くらいで外交官を辞め、満鉄の理事になりました。その後、副総裁になります。副総裁を務めた二年間を「私の一生涯を通じて、最も大きな、そして最も貴重な教育を受けた」期間と回想していますが、満州熱に浮かされていたひとりだったわけです。

トップが自分の会社をよく言うのは当たり前ですが、それが事実とは言えない。そこを見極める眼を養わないと、だまされてしまうのです。

そういえば、最近、意外な人が意外な文脈でこの「満州は日本の生命線」という言葉を使いました。

小泉純一郎《こいずみじゅんいちろう》です。「原発ゼロ」を言いはじめたときに、彼はこう言いました。

「昭和の戦争だって、満州から撤退すればいいのに、できなかった。『原発を失ったら経済成長できない』と経済界は言うけど、そんなことないね。昔も『満州は日本の生命線』と言ったけど、満州を失ったって日本は発展したじゃないか」

小泉と私の見解が合うことは滅多にないのですが、この点においては珍しく認識が一致します。

リットン調査団はどう見たか

昭和七（一九三二）年三月、満州国建国宣言が出されます。

このころ、国際連盟が派遣したリットン調査団が視察調査を行います。この調査の報告書が国際連盟に提出される前に既成事実にしてしまおうと、日本は九月に日満議定書に調印して満州国独立を認めました。

リットン報告書は、日本にとって不本意な内容だったように言われていますが、決してそんなことはない。

日本の取った軍事行動は正当ではない、日本側の主張する「満州国の承認」も認められない、というものでしたが、中国側の主張する「柳条湖事件以前への回復」ということも、紛争解決の方法にはならないとして認めませんでした。満州を非武装地帯とし、日中両国は不可侵条約と通商条約を結ぶべきだというもの。

内容的には日本にとって必ずしも不利とは言えないのですが、日本はこれに反発しました。

それをいちばん顕著にやったのが、松岡洋右です。

松岡は、同年一二月にジュネーブで開かれた国際連盟の臨時総会に、日本の全権大使として出席します。陸軍から随員として石原莞爾が同行しました。

この席で松岡は一時間二〇分に及ぶ大演説をぶつのですが、その触りを引きましょう。

「たとえ世界の世論が、ある人々の断言するように、日本に絶対反対であったとしてもその世界の世論たるや、永久に固執されて変化しないものであると諸君は確信出来ようか？　人類はかつて二千年前ナザレのイエスを十字架に懸けた。しかも今日如何であるか？　諸君はいわゆる世の世論とせらるるものが誤っていないとは、果して保証出来ようか？　我々日本人は、現に試練に遭遇しつつあるのを覚悟している。ヨーロッパやアメリカのある人々は、今二十世紀における日本を、十字架に懸けんと欲しているのではないか？　諸君！

日本はまさに十字架に懸けられようとしているのだ。しかし我々は信ずる。確く確く信ずる。わずかに数年ならずして、世界の世論は変わるであろう。しかしてナザレのイエスがついに世界に理解されたごとく、我々もまた、世界によって理解されるであろう」

これが日本で報道されて、国民は大喝采《だいかっさい》したわけです。当時の日本人は、日本軍に都合のいいように捻《ね》じ曲げられた報道にしか接していませんから、リットン調査団の「満州から手を引け」「独立国なんて認めない」というのは、ヨーロッパ列強が日本を悪し様に言い、満州をかっぱらおうとしているような受けとめ方になる。

「寄ってたかって日本を悪者にしようとしているのに対して、松岡さんはこんなにはっきりものを言ってくれて……」という感じになったのです。

一三歳でアメリカに渡った松岡は、達者な英語力とプレゼンテーション力を身につけており、こういう演説はわりとお手のものだった。

石原莞爾はこのときの松岡の演説に感激し、「よくやってくれた。後はどうでもいい。これですんだのだ、すんだのだ」とつぶやいたと言われます。満州事変を起こしたのは自分です。「後はどうでもいい」というのもまたとんでもない話です。こういう無責任さをとっても、私は石原莞爾を評価する気になれないのです。

日本、国際連盟を脱退

翌昭和八（一九三三）年二月二四日に開かれた国際連盟総会で、リットン報告書をもとに満州国の独立を認めないという方針が採択されました。

賛成四二票、反対一票（日本）、棄権一票（シャム＝現在のタイ）、不参加一国（チリ）。

松岡洋右が全権を率いていた日本は、これを不服としてその場で退場します。

帰国した松岡を待ち受けていたのは、国民の歓声だった。報道によって、世論がそうとう操作されていたというのを強く感じます。

「四二票は『死に体』だ」などと能天気なことを書いた新聞もあった。

そして三月に、当時の内田《うちだ》康哉《やすや》外相は国際連盟の脱退を通告しました。

日本は孤立します。

一方、ヒトラー率いるドイツも、同年一〇月に国際連盟を脱退。

これまで日本はずっとイギリスとの連携体制でやってきたのですが、昭和一一（一九三六）年、日独防共協定を結んで、ドイツと手を結ぶことになります。ある種デモクラシーの元祖というべきイギリスから、ヒトラーを生んだナチのドイツに、手を結ぶ相手を替えていく。そこが日本外交の大きな転換になるのです。

日独防共協定というのは、ソ連対策の協定で、一方の国がソ連と開戦した場合には他方の国はソ連に有利となるいっさいの行動を控えるというものでした。

ところがそれは、三年足らずで反故《ほご》にされる。ドイツは昭和一四（一九三九）年に独ソ不可侵条約を結んで、ポーランドへ進撃を開始するわけです。時の首相、平沼騏一郎《ひらぬまきいちろう》は、「欧州情勢は複雑怪奇、自分には理解できない」と言って首相を辞めました。

松岡が国際連盟で「十字架上の日本」云々《うんぬん》と言って演説をしたのは、昭和七（一九三二）年一二月八日でした。それからちょうど九年後の昭和一六（一九四一）年一二月八日、日本は真珠湾に奇襲攻撃をかけます。このときに、日米開戦のニュースを伝えに行った人に、松岡はこう言ったといいます。

「(日独伊) 三国同盟の締結は、僕一生の不覚だったことを今更ながら痛感する。

僕の外交が世界平和の樹立を目標としたことは、君も知っている通りであるが、世間から僕は侵略の片棒かつぎと誤解されている。僕の不徳の致すところとはいいながら、誠に遺憾だ。殊に三国同盟は、アメリカの参戦防止によって、世界戦争の再起を予防し、世界の平和を回復し、国家を泰山の安きにおくことを目的としたのだが、事ことごとく志とちがい、今度のような不祥事件の遠因と考えられるに至った。これを思うと、死んでも死にきれない」

「侵略の片棒かつぎと誤解されている」と言うけれど、片棒どころじゃない、神輿《みこし》の主たる担ぎ手だった。そのことへの反省の色はないわけです。

近年のことですが、松岡洋右が日米開戦の直後、二日後に徳富蘇峰《とくとみそほう》に送った手紙というのが発見されました。その中で松岡は、緒戦の勝利に興奮し、「実に痛快、壮快！」「恐らく英、米の上下を震撼してるでせう！」「欣喜雀躍」などと記しています。

こういう人物が外交の最先端に立っていてよかったのか。私ははなはだ疑問です。

切れていったつながり

五・一五事件で殺された犬養毅首相の孫娘、犬養道子《みちこ》さんの回想録『花々と星々と』『ある歴史の娘』（中公文庫）は、昭和史を彩る人物たちの素顔が活写されていてたいへん面白い本です。

その中に、張学良の話が出てくる。かつて孫文《そんぶん》をかくまい、蔣介石とも懇意にしていた犬養毅は、親日派だった張作霖、そしてその息子の張学良とも親交があったのです。張学良は父を殺され、抗日姿勢をとるようになり、西安《せいあん》事件を起こして、中国共産党と組んでも抗日を貫こうとするわけですが、その張学良も犬養のことは信頼していたらしい。

『ある歴史の娘』の中に、祖父のもとに届いていた張学良の手紙についてのくだりがあります。


あるとき、父（犬養健《たける》）が祖父の部屋を整理していて、一通の手紙を見つけた。

「おい、ちょっと見てごらんよ。張学良の手紙」

当時一二、三歳だった道子さんは、張学良というと「馬賊の張作霖の倅《せがれ》」というイメージしかなかった。ところがその手紙はたいへんハイカラで洗練されたものだった。非常に気品があって、張学良という人物のスノビッシュな洒落気《しゃれっけ》があらわれていた。まるで英国貴族の書簡箋《せん》といった風情のものだったという。

手紙の書き文字は黒緑を深くおびたこれまたハイカラなインキを使っていて、みごとな書体で書かれていた。「品があって、どう見たって『賊』の字ではない」。とても感心してしまったとあります。

日本では張学良というと、やれ「馬賊の息子」だ、「軍賊」だ、「満州の歴史を翻弄《ほんろう》した男」だ、などといった捉《とら》え方をすることが多い人物ですが、「ヤングマーシャル（青年元帥）」と呼ばれ、しっかりと教育を受けた貴公子然とした人物だったようです。

張学良は明治三四（一九〇一）年生まれ。昭和天皇と同い年です。

大正一〇（一九二一）年、父、張作霖が、彼に日本軍の軍事演習を見せようと考え、張学良は初めて日本を訪問した。軍事演習の見学のとき、長官の後について歩いていくと、軍楽隊が皇太子と間違えて『君が代』を演奏したといいます。

また皇居に行ったときには、皇后が張学良のほうを見て「あの三番目にいる人は誰ですか」と尋ねたという。それほど当時の皇太子、後の昭和天皇によく似ていたそうです。張学良自身がそう語っている。この話は『張学良の昭和史最後の証言』（角川文庫）に出てきます。

話が脱線してしまいましたが、私が何を言いたいかというと、犬養のような政治家は、そうやって他の国のいろいろな立場にある要人たちと親交を結び、「話せばわかる」という信念で相手国との関係の維持を図っていた、ということです。

政治家というのは、そのように、「戦争が起こらないようにするにはどうしたらいいのか」を考えるのが役目です。「戦争が起きたらどうする」ということを考えるのは軍人のやること。これは今の政治家に強く言いたいことです。

犬養暗殺で政党支配政治が崩れ、軍人が政治に乗り出してくるようになりますが、それは相手国と関係を結んでいく外交でなく、つながりを一本一本断ってしまうやり方だった。「問答無用」というのはそういうことなのです。

本庄繁の責任の取り方

満州事変のとき、石原、板垣の上にいた関東軍司令官は本庄繁でした。

その後、侍従武官長になり、軍を退いてからは軍事保護院総裁や枢密顧問官を務めましたが、戦後、GHQから戦争犯罪容疑者として指定され、次のような遺書を残して、昭和二〇（一九四五）年一一月二〇日に自決します。

多年軍ノ要職ニ奉仕致シナカラ御国ヲシテ遂ニ今日ノ如キ破局ニ近キ未曾有ノ悲境ヲ見ルニ立到ラシメタル仮令退役トハ云ヘ何共恐懼ノ至リニ耐ヘス罪万死ニ値ス満州事変ハ排日ノ極鉄道爆破ニ端ヲ発シ関東軍トシテ自衛上止ムヲ得サルニ出テタルモノニシテ何等政府及ヒ最高軍部ノ指示ヲ受ケタルモノニアラス全ク当時ノ関東軍司令官タル予一個ノ責任ナリトス　爰ニ責ヲ負ヒ世ヲ辞スルニ当タリ謹テ聖寿ノ万歳、国体ノ護持、御国ノ復興ヲ衷心ヨリ念願シ奉ル　昭和二十年九月

本庄　繁

満州事変は、政府および最高幹部の指示を受けたものではなく、当時の関東軍司令官である自分ひとりの責任だ、という。

本庄にも罪はあります。戦争を拡大させるなという上からの命令に対し、板垣や石原ら部下の暴走を止められなかった責任はある。しかし、関東軍を統括していた立場から、自身の責任ということをしっかりとわきまえていた。

遺族はこれについて、前出の『張学良の昭和史最後の証言』でこう語っています。

「何よりも、陛下が戦争責任を問われることを恐れたのだと思います。遺書の中に、満州事変は自分一個の責任によると書いていますが、すべてを自分が引き受ける覚悟だったのでしょう」

本庄は割腹自殺でした。発見された際、本庄は皇居に向かって正座し、切腹の作法通り腹を十文字に切ること三度、心臓を三度、頸部《けいぶ》を三度切り、頸動脈を完全に切り裂いて伏していたといいます。

実は、張学良と本庄繁のあいだには親しい絆《きずな》がありました。『張学良の昭和史最後の証言』はそのタイトルのとおり、張学良が九〇歳のときにインタビューに答えたNHKのテレビ番組を本にしたものですが、その中ではこう語っています。

「本庄さんは、本当に懐かしい人です。もし、私がもう一度日本に行くことができたならば、必ず、本庄さんのお墓参りをします。本庄さんのことを話すとき、私は悲しい思いを抑えられません」

軍部の中にも、軍事力で満蒙を領有しようとだけ考えていたわけではない人もいたのです。

真の「勇気」と「蛮勇」とが、どこかで取り違えられていったのです。

板垣征四郎は、東京裁判でA級戦犯となって絞首刑になりました。

石原莞爾は、起訴されず、責任を一切問われませんでした。

満州事変を起こしたのは紛れもなく石原莞爾その人であり、その罪、その責任は負わねばならない。それを担わなかったことをとっても、石原というのは口ばかりで行動の伴わない人物だったと言うほかありません。

当時の日本には、「満蒙は生命線」といって侵略戦争に及ぶしか、本当に道はなかったのでしょうか。

否、です。

その道をはっきり提案している人がいました。その名を石橋湛山《いしばしたんざん》といいます。

第四章　時流に媚びない人たち
彼らはどう異を唱えたのか

もう一つの道「小日本主義」を唱えた石橋湛山

石橋湛山は、軍国主義へと向かっていく風潮に強く反対を唱えるジャーナリストでした。

明治一七（一八八四）年生まれ。同じ年に生まれた人には、山本五十六《やまもといそろく》、東条英機、竹久夢二《たけひさゆめじ》、下村湖人《しもむらこじん》らがいます。

湛山は、日本で最初にできた経済専門誌「東洋経済新報」の論客として頭角を現し、硬骨の言論人として大正時代から名を馳《は》せていました。戦後は政治家として活躍、首相経験者でもあります。しかし病に倒れ、在任期間わずか二か月という短命内閣に終わってしまいます。その後を受けて首相になったのが、岸信介《きしのぶすけ》でした。

湛山は、帝国主義的拡大路線を批判、満州をわがものにしようとするのではなく、むしろ「放棄せよ」という考え方を大正デモクラシーの時期から示していました。この考え方は、植民地政策で日本の勢力を拡大していこうとする「大日本主義」に対して、「小日本主義」と呼ばれます。

湛山の主張が端的に表れているのが、大正一〇（一九二一）年七月、ワシントン海軍軍縮会議を前にして「東洋経済新報」に書いた「大日本主義の幻想」と題された社説です。

大日本主義を唱える人たちは、日本の国防のために軍備が必要で、満州・台湾・朝鮮・樺太《からふと》といった地を「我が国防の垣」とすることが急務であるといったことを言うけれども、日本の本土など、どこの国も欲しがるようなものではない。日本が他国から侵略されるおそれがあるとしたら、それは日本の本土が欲しいからではなく、日本が海外に勢力を張ろうとするのを、相手はそうはさせまいとするところから起こる。つまり、日本が植民地を拡げたいという野心を捨てれば、戦争にはなり得ない、と湛山は説きました。

されればもし我が国にして支那またはシベリヤを我が縄張りとしようとする野心を棄つるならば、満州・台湾・朝鮮・樺太等も入用でないという態度に出づるならば、戦争は絶対に起らない、従って我が国が他国から侵さるるということも決してない。論者は、これらの土地を我が領土とし、もしくは我が勢力範囲として置くことが、国防上必要だというが、実はこれらの土地をかくして置き、もしくはかくせんとすればこそ、国防の必要が起るのである。それらは軍備を必要とする原因であって、軍備の必要から起った結果ではない。

（中略）

日本に武力あったればこそ、支那は列強の分割を免れ、極東は平和を維持したのであると人はいう。過去においては、あるいはさようの関係もあったか知れぬ。しかし今はかえってこれに反する。日本に武力あり、極東を我が物顔に振舞い、支那に対して野心を包蔵するらしく見ゆるので、列強も負けてはいられずと、しきりに支那ないし極東を窺うのである。

（「大日本主義の幻想」）

エコノミストでもある湛山は、この論考の中で朝鮮・台湾・関東州における貿易収支実績を示し、アメリカ、インド、イギリスとの貿易実績と比べつつ、日本が経済的自立を図るためにこれらが重要だというのはまやかしであることも喝破しています。

そして、大日本主義を捨てるというのは、小さい日本の国土で縮こまって生きていくという意味ではない。世界を我が国土として日本人が活躍するためには、軍事的にも経済的にも価値がない大日本主義という発想は捨てるべきなのだと主張しました。

このとき、湛山三六歳。非常に冷静な視線で日本の状況を捉《とら》えていました。

平和的に貿易で、経済戦略で世界と渡り合うべき

湛山は、当時の日本の軍事費の膨張が国家予算を圧迫していることもよくわかっていました。武力で支配しようとするのは、多くの血を流すことにもなるし、また金がかかることだとも言っています。

だからこそ、武力行使という策を捨て、領土拡張の野心を捨て、周辺の国々における利権への執着を捨てる。日本の政府と国民は、そうした一切の「小欲」を捨てて、「大欲」に生きるべきだと言っていた。

これが、日本の選択として可能性のあったもう一つの道、小日本主義です。

戦争によらずに、日本は商売の力で、いわば経済戦略で世界と渡り合っていくべきだというもの。戦後の日本がたどったのは、まさにそういう道、自由主義のもとで経済立国として復興していく道だったわけです。戦前からそういう提案をしていた人たちがちゃんといた。けれども、残念ながら主流にならなかった。

それよりは、「日本はアジアのチャンピオンとして、世界のチャンピオンを決める戦いをアメリカとするんだ」という石原莞爾《かんじ》のような威勢のいい考え方のほうが受け

がよく、どんどん極端なほうへと振れていってしまいます。

ついに満州事変が始まってしまった昭和六（一九三一）年九月と一〇月、湛山は「満蒙問題解決の根本方針如何」として、再び軍国主義批判の社説を書いています。「満蒙なくば我が国亡ぶ」という人たちは、その理由として、人口問題の解決のため、資源供給地として、国防のため、ということを挙げる。しかし本当にそうなのかと、その矛盾を暴いていきます。

そもそも、我が国は人口が多く国土が狭い、その「ハケ口を支那大陸に求めねばならぬ」というが、人口問題は、領土を広げたからといって解決できない。論より証拠、日清・日露戦争以降、台湾、朝鮮、樺太、関東州、南洋諸島などを勢力下におくようになったけれども、それが人口問題の解決にはなんら役立っていない。

次に、我が国には鉄・石炭等々の原料が乏しいから、満蒙の地を供給地として確保することが必要と言うが、満蒙の資源は日本に特殊な便宜を与えていない。資源供給を求めるのであれば、政治的権力を加えなくても、「平和の経済関係、商売関係」のほうがよりよく目的を達し得るだろう。

また、満蒙を国防の第一線にしなければならぬという理屈は、あたかもイギリスが対岸のヨーロッパ大陸に領土を有さねばならないと言っているに等しい。アジア大陸に対する国防線は、日本海で十分だ。

湛山はこのときも統計データを駆使しながら、「満蒙は日本の生命線」と主張する根拠がいずれも成り立たないことを論証しています。

動機ではなく、結果で考える

湛山は、経済学の本を原書で読んで勉強しており、経済がよくわかっていた。新しい学説の吸収にも熱心で、ケインズが発表したものをいちはやく読んで「東洋経済新報」で紹介したりもしています。

経済の持つ開明性を知り、〝活《い》きた経済〟がわかっていた。そのインターナショナリズムによって、日本は現状を打開していけるという読みがあった。だからこそ結果を見据えた冷静な思考ができたのだと思います。

社会を先読みするとき、政治でも企業の方向性を考えるときでも、やはり「結果から判断する」という視点がとても重要です。

日本人は、動機主義に陥りやすいところがあります。強引な領土拡大を推し進めていくと何が起こるか、「結果」を予測して考えなければならないところを、ただ、日本は人口が多いから、資源が乏しいから、国防の危険があるから、と言って突っ走る。すべて「動機」です。動機というのは勝手な論理でなんとでも言えてしまうものです。

困ったことに、動機で動く人たちは、数字を見せられてもそこから目を逸《そ》らす。つまり現実を見ようとしない。絶対的な数字の差などを突きつけられても、「そこは精神論で乗り越えればいいんだ」という。軍部強硬派のやり方はその典型です。

そうではなく、結果から判断して、現実をすり合わせていかないといけない。

湛山は、一貫して満蒙支配を批判し続けていましたが、満州国ができてしまうと、批判の矛先を変えていきます。「不自然な経過によって成立」したこの急造国家を否定するのではなく、できてしまったという現実の上に立ち、今後どうしていくべきかを考えました。

そして、日本軍が駐屯《ちゅうとん》することは必ずや「面白からぬ感情を激発」させることになる、できるだけ速やかに満州国独自の警察あるいは軍隊を組織し、日本軍は撤退することが肝要だと説いたのです。

つねに、結果に対して現実策を提案する。それでいて軸がブレることはなかった。それが石橋湛山という人です。

私は、こうした石橋湛山の考え方というのは日本の知的財産だと思っていますが、地味なんですね。第一級の言論人だったにもかかわらず、知名度がいまひとつ低い。国民に届きやすかったのは、戦争への気運をあおるメディアの声のほうでした。国民はそれに乗せられて、熱狂の渦の中に入っていってしまったのです。

五族協和を謳った満州建国大学の欺瞞

満州建国の大義名分は、「五族協和」の理想国家をつくるというものでしたが、その理想と現実のギャップを象徴していたのが満州建国大学です。

石原莞爾の構想によるこの大学は、五族協和の夢を実現する人材を育成するという名目で、昭和一三（一九三八）年五月、新京《しんきょう》（今の長春《ちょうしゅん》）に創設されました。

全寮制で食費も部屋代もいらず、制服も教科書類も無償支給、おまけに月五円の小遣いをくれるというので、経済的に進学がかなわなかった苦学生には光明となり、多くの入学希望者が殺到しました。

アジアの諸民族にひらかれた大学ということで、確かにさまざまな民族を受け入れました。しかし、たとえば一学年の定員一五〇名の内訳を見ると、半数が日本人、三分の一が中国人（満人、漢人）、残る六分の一を朝鮮人、蒙古人（モンゴル人）、白系ロシア人で割り振るというかたちで、どの民族にも平等に門戸が開かれていたわけではありませんでした。

六五万坪に及ぶ広大なキャンパスを有していましたが、これにしても、耕作をしていた中国人たちを追い出した土地だった。

石原莞爾の「建国大学八項目の提案」というのがあり、そこに掲げられているのは立派な理念で、開明的な新しい大学像だったのですが、実際にやっていることは裏腹だったのです。

もちろん学生たちはそんなことは知らずに、本気で民族協和を実践しようと夢と希望を抱いて入学するわけです。

しかし、天照大神《あまてらすおおみかみ》をまつった建国神廟《しんびょう》が設けられていて、仏教、ラマ教、イスラム教などさまざまな信仰を持った学生たちに、これを崇拝させようとしたりする。押しつけられる側にとってはとんでもない話で、冗談じゃないと反発する。

五族協和というのは結局のところ建て前に過ぎず、行われるのは過激な帝国主義であることに気づいた学生たちが抗議活動をするようになると、大学の運営に軍人が乗り込んでくる。

理想と現実の乖離《かいり》がはなはだしかった。その結果、中国や朝鮮の学生の中から、やがて抵抗運動の闘士になっていく人が少なからず出ました。

石橋湛山は、そもそも中国人の暮らす満蒙の土地に、日本人が理想国家を建設するという発想は「見当違いも甚だしい」と痛罵《つうば》していました。

「甚だ懸念に堪えざるは、此頃満洲に在る軍部の新人等の中には、往々にして検討不十分な空想を恣にし、此際満蒙を一の理想国家に仕上げんなどと、真面目に奔走せる者があると伝えらるることである。

（中略）

満蒙は、もともと社会主義ならぬ支那人の住む土地である。其支那人を相手に理想国家の建設などとは見当違いも甚だしい。然るに左様の見当違いの考えを抱く日本人が満洲に勢力を占むる所以は、つまり日本人の間に、満蒙乃至支那に対する正しき認識が欠けているからである」

このまま突き進んでいっても犠牲ばかりが大きく、得るところは少ないと警鐘を鳴らしていました。相手の立場を無視して自分たちのエゴの押しつけをすることは、中国の人たちの国民感情を満足させることにはならない、石原莞爾らには、そこのところがまったく想像できていなかったわけです。

一九四五年八月、満州国崩壊、建国大学は七年余の短い歴史を閉じます。建大卒業生はその後、苦難を強いられ、たいへん肩身の狭い思いをするようになりました。

中国では、建大出身者は「偽満州国的最高学歴出身者」とか「関東軍の手先」と呼ばれ、職を追われたり、文化大革命のときに迫害に遭う理由となったりしました。

ソ連では日本のスパイ容疑でシベリア抑留を余儀なくされた人たちもいます。日本でも、GHQの教職追放令によって、建大出身者は教職につけませんでしたし、ほとんどの公職につくことができませんでした。出身者はあらためて他の大学に入りなおし、その経歴を隠すようになります。

純粋な夢と希望を持って建大に入った若者たちは、五族協和の詭弁《きべん》にだまされ、人生を翻弄《ほんろう》されることになったのです。

石原莞爾の掲げた理想そのものは正しかった、それを台無しにしたのは東条英機や甘粕正彦《あまかすまさひこ》だった、と捉える向きもあります。しかし私はそうは思いません。石原には中国や朝鮮の人たちをあからさまに蔑視《べっし》する姿勢がありました。相手の立場で考えることができなかった。立派な風呂敷《ふろしき》だけは広げていたものの、本当にアジアの民族の平和と平等を願い、血の通った行動ができたとは到底思えないからです。

真のアジア解放を目指した穂積五一

五族協和のスローガンのもとに学生たちを集めておいて、彼らを裏切った満州建国大学のことを考えるとき、私が対照的に思い浮かべるのは、穂積五一《ほづみごいち》という人物です。

明治三五（一九〇二）年生まれ。

同じ年に生まれた人には、住井《すみい》すゑ、中野重治《なかのしげはる》、山本嘉次郎《やまもとかじろう》、小林秀雄《こばやしひでお》らがいます。

穂積五一は、東京帝大教授の上杉慎吉《うえすぎしんきち》の主宰する七生社《しちせいしゃ》に属していた国粋主義の人で、戦時中は大東亜共栄圏という理念を本気で信じていました。世の中を変えたいというその右翼的立場から、台湾や朝鮮などの独立運動を支援し、何回も特高に捕まって投獄され、拷問も受けています。獄中には、中国人や朝鮮人もいました。穂積は、彼らに対する扱いが自分に対する扱いよりも酷《ひど》いのを見て、看守に抗議する。すると、「あいつらは人間じゃない」といった言葉が返ってきた。民族の違いだけで差別をする。穂積はそれに憤慨します。軍部の唱えるアジア解放などというのは幻想だったと思うようになるのです。

そういった経験から、差別するものと差別されるものがあれば、国籍や信条を問わず、差別される側に立って支援するというのが穂積五一の姿勢でした。

戦後、穂積はアジアからの留学生や技術研修生受け入れのために尽力し、アジア学生文化協会、アジア文化会館などを創設して、国や民族を超えた人間的和合を求めます。留学生たちの身に何か起こると、断固として彼らをかばい抜いた穂積は、「アジア留学生の父」と呼ばれて慕われました。

日本は発展途上国への経済援助をけっこうやってきていますが、日本の企業が得をするための〝ヒモ付き援助〟が多々あり、留学生や研修生に不本意な条件を強いることがままありました。

穂積は、そんなのは援助でも経済協力でもなく経済侵略だと言って、その改革に力を注ぎます。結局、そんな日本の経済協力のありように抗議するために、自ら食を断ちました。身を挺《てい》して訴えたのです。

昭和五六（一九八一）年、穂積が亡くなると、穂積に支えられた人たちがアジア各地で追悼集会を開いたといいます。

本当の意味での民族協和、アジア解放というのは、そういう精神です。

あるインタビューの中で穂積は、自分は日本の自然、日本の文学、日本の食べ物、とにかく日本が大好きな人間だが、アジアの人々との交流を続けていると、だんだん自分が日本人から離れる、と語っています。

穂積五一というのは、国家主義の思想の中から出てきて、国家主義を食い破って、ある種のプロレタリア・インターナショナリズムに生きた人なのです。

あるとき、村山富市《むらやまとみいち》さんと話していたら、学生時代に入っていた寮、至軒《しけん》寮の寮長が穂積五一だったという話をしてくれたことがあります。穂積から少なからぬ影響を受けたとして、こんなことを言っていました。

「私は、先生の思想を十分に理解できていたとは思わないが、その宗教的社会主義のような雰囲気に共鳴していた。私が後に社会党に入党し、政治に人生を捧げるようになったのも、この至軒寮の経験が大きかったように思う」

また穂積の人脈の広さについて、「穂積先生は度量の大きい人で、先生を慕って、右翼から左翼、また意外な人物も出入りをしていた。五・一五事件に参加した国家主義者の三上卓《みかみたく》、元共産党員の佐野学《さのまなぶ》、水平社《すいへいしゃ》運動の指導者の西光万吉《さいこうまんきち》、さらには六九連勝の双葉山《ふたばやま》を破った安藝ノ海《あきのうみ》といった人たち」と言っています。

右翼だ、左翼だという思想的立場というものはそれほど大きな問題ではなく、人を隔てる垣根とはならないことをよく物語っていると思います。

戦後五〇周年の終戦記念日に、村山が首相として出した声明、「村山談話」。そのキモとされるお詫《わ》びの一節を紹介しましょう。

わが国は、遠くない過去の一時期、国策を誤り、戦争への道を歩んで国民を存亡の危機に陥れ、植民地支配と侵略によって、多くの国々、とりわけアジア諸国の人々に対して多大の損害と苦痛を与えました。私は、未来に過ち無からしめんとするが故に、疑うべくもないこの歴史の事実を謙虚に受け止め、ここにあらためて痛切な反省の意を表し、心からのお詫びの気持ちを表明いたします。また、この歴史がもたらした内外すべての犠牲者に深い哀悼の念を捧げます。

（『「村山談話」とは何か』）

この声明をなんとしてでも閣議決定させ、日本の公式見解として発表しようとした村山の覚悟には、穂積五一の影響を強く感じます。

上野英信を地の底へと向かわせたもの

満州建国大学に学んだ学生の一人に、炭鉱労働者に視点を注いで記録文学作家になった上野《うえの》英信《ひでのぶ》がいます。

大正一二（一九二三）年、山口県生まれ。本名、上野鋭之進《えいのしん》。同じ年に生まれた人には、三國連太郎《みくにれんたろう》、遠藤周作《えんどうしゅうさく》、佐藤愛子《さとうあいこ》、李登輝《りとうき》、マリア・カラスらがいます。

上野は弟妹に、「満州へ行って、五族協和の新しい国を興すんだ。ぼくの望みは、満州に骨を埋めること」と言って満州建国大学に進んだのですが、その欺瞞《ぎまん》を知って志は無残に砕け散ってしまいました。

二年八か月建大に学んだのちに兵役につきますが、見習い士官として広島にいたときに被爆。生涯、建大時代のことは語ろうとしませんでしたが、夢を覆され、さらに被爆するという青春期の傷の深さは想像にあまりあります。

その後、京都大学に編入するのですが、結局中退して、「一坑夫として牛きたい」と筑豊《ちくほう》の炭鉱労働者になります。

一九六〇年代、石炭産業が斜陽化していくなかで、炭鉱労働者たちの話を蒐集《しゅうしゅう》する記録文学の書き手となり、「金を惜しむな、時間を惜しむな、命を惜しむな」といって記録文学の坑道を掘り続けました。

上野はやがて、廃坑になった鉱山の炭鉱長屋を買い取って「筑豊文庫」と名づけ、居を構えます。上野の奥さん、晴子さんが記した『キジバトの記』（海鳥社）によれば、筑豊文庫は「集会所と図書館と食堂と宿屋と、時には駆け込み寺をも兼ねて深夜まで人声の絶えることがなかった」。

「世界記憶遺産」に登録された山本作兵衛の炭鉱画が世に出るきっかけをつくったのも上野でした。

『追われゆく坑夫たち』（岩波新書）の中で、上野はこう書いています。

株式会社という帽子をかぶった暴力団であり、事業所という壁をめぐらした監獄であり、従業員として登録された囚人であり奴隷であるという点で、なんといっさいの中小炭鉱は似ていることか。

地底の闇の中の人たちを記録することで、上野は日本の社会構造の恥部を記録していたのです。

また、『上野英信集』第四巻「闇を砦《とりで》として」(径書房)のあとがきには、自分もまた目隠しされたオニであり、「オニさんこちら」という手拍子に踊らされて生きているとあります。権力にだまされ、翻弄される人間の姿を、目隠しをされたオニと捉えた。だまされ、翻弄されながら地の底で生きてきた底辺の人たちと歩みをともにしながら、そこに光を当てることが、上野の反権力の闘いだったわけです。

上野の姿勢は、松下竜一《まつしたりゅういち》、森崎和江《もりさきかずえ》、石牟礼道子、鎌田慧《かまたさとし》といったノンフィクションの書き手たちに影響を与えました。

作家、葉室麟《はむろりん》は、直木《なおき》賞を受賞した『蜩ノ記《ひぐらしのき》』を書く際、「武士の矜持《きょうじ》と覚悟」をテーマにした作品を出版社から求められ、上野英信をイメージして書いた、という話をしていますが、上野英信という人はまさにサムライ精神を宿していたのです。

孤高のジャーナリスト、桐生悠々

新聞各紙が軍部に迎合していくなかで、時局への批判を繰り返していたジャーナリストは石橋湛山以外にもいました。

桐生悠々《きりゆうゆうゆう》。本名、桐生政次《まさつぐ》。明治六（一八七三）年、石川県金沢《かなざわ》生まれ。湛山よりは一〇歳ほど年上です。

同じ年に生まれた人には、与謝野鉄幹《よさのてっかん》、河東碧梧桐《かわひがしへきごとう》、小林一三《こばやしいちぞう》、美濃部達吉《みのべたつきち》、羽仁《はに》もと子らがいます。生まれ年が一つ違う徳田秋声《とくだしゅうせい》とは小学校からの同級生であり、ともに上京して尾崎紅葉《おざきこうよう》の門を叩《たた》いたことがあります。このときすでに紅葉の書生だった泉鏡花《いずみきょうか》もまた、同郷、同年生まれというつながりがありました。

悠々は最初、文学の道を志していましたが、やがて記者になり、いくつかの新聞社を転々とします。信濃毎日新聞主筆になった明治末ごろから、言論人として知られるようになっていました。

悠々の反軍的な批判の中で、今日とくに高く評価されているのが、昭和八（一九三三）年八月に発表された「関東防空大演習を嗤《わら》ふ」という社説です。

東京を中心とする関東一帯で行われた陸軍の大規模な演習に対して、その「防空」という概念がいかに時代錯誤の役に立たないものかを批判し、灯火管制を敷くというのも人々をパニックに陥れるばかりで逆効果だ、敵機は日本沿岸までで防がねばならない、と指弾。敵機に爆撃されるようになったら、木造家屋ばかりの東京は関東大震災のときと同じように焼け野原になる、と苦言を呈したものでした。

これによって信濃毎日新聞は軍当局から圧力をかけられ、悠々は社を辞めざるを得なくなります。

その後、個人で「他山の石」という雑誌を発行するようになりました。

二・二六事件が起きたときも、だからはやく軍部の妄動をいさめなければならないと言っていたではないか、と書いています。

当然、当局からの弾圧を受ける。「他山の石」は、削除処分によって伏せ字にされた部分があったり、ときにはすっぽり削除されて白紙ページになったりすることもあれば、発禁になることもありました。

それでも発行し続けたのは、世の中の出来事、趨勢《すうせい》に対して、合理・非合理という次元で「おかしい」と疑問を持つ意識があり、そのことを世にはっきりと問いたかったからだと思います。

悠々は、昭和一一（一九三六）年六月に「言いたい事と言わねばならない事と」と題してこんなことを書いています。

私は言いたいことを言っているのではない。徒に言いたいことを言って、快を貪っているのではない。言わねばならないことを、国民として、特に、この非常時に際して、しかも国家の将来に対して、真正なる愛国者の一人として、同時に人類として言わねばならないことを言っているのだ。

言いたいことを、出放題に言っていれば、愉快に相違ない。だが、言わねばならないことを言うのは、愉快ではなくて、苦痛である。何ぜなら、言いたいことを言うのは、権利の行使であるに反して、言わねばならないことを言うのは、義務の履行だからである。尤も義務を履行したという自意識は愉快であるに相違ないが、この愉快は消極的の愉快であって、普通の愉快さではない。

しかも、この義務の履行は、多くの場合、犠牲を伴う。少くとも、損害を招く。現に私は防空演習について言わねばならないことを言って、軍部のために、私の生活権を奪われた。私はまた、往年新愛知新聞に拠って、いうところの檜山事件に関して、言わねばならないことを言ったために、司法当局から幾度となく起訴されて、体刑をまで論告された。これは決して愉快ではなくて、苦痛だ。少くとも不快だった。

（『畜生道の地球』）

多くの新聞が軍部と結託して調子のいいことを書いて人心をあおるようになっていくなかで、おかしさを問う姿勢の人もいなければならない。そういう自らに課した信義のもとに生きていた人です。

昭和一六（一九四一）年九月に死去。

蟋蟀《こおろぎ》は鳴き続けたり嵐の夜

こんな句を残しています。

理不尽さに抗い続けた川柳作家、鶴彬

川柳という武器で闘った人もいます。

鶴彬《つるあきら》、明治四二（一九〇九）年、石川県生まれ。

同じ年に生まれた人には、大岡昇平《おおおかしょうへい》、淀川長治《よどがわながはる》、太宰治《だざいおさむ》、土門拳《どもんけん》、松本清張《まつもとせいちょう》らがいます。

鶴彬は、権力に媚《こ》びない姿勢を貫き、刺し貫くような激しいプロレタリア川柳、反戦川柳をつくりました。

本名は喜多《きた》一二《かつじ》。名前に用いられている漢字、音が小林多喜二と似ていますが、この人もまた多喜二と同様、つねに特高から目をつけられ、逮捕されて拷問を受け、獄中死しています。

二一歳のときに軍隊に入りますが、反戦活動をして営倉に入れられます。拷問や二

年近い収監に耐え、二等兵のまま除隊。

その後も特高からにらまれ、発表作品が反戦的だという理由で再逮捕。留置中に赤痢にかかり、ベッドに手錠でくくりつけられたまま、昭和一三（一九三八）年に二九歳で死去しました。一説には、赤痢菌を盛られたのではないかという話もあります。

社会の理不尽さに対して、肺腑《はいふ》をえぐるような川柳を詠みました。

修身にない孝行で淫売婦

一家の暮らしのために身売りされた娘が、「淫売」とののしられる現実。親のため、家族のため、孝行するために行かされたのではなかったか。春をひさぐ仕事は「清く、正しく」という修身の訓《おし》えからすればけっしてほめられるものではないですが、そうせねば一家が生きていけない世の中にしたのは誰なのか。世相をバッサリ斬っていま す。

万歳とあげて行った手を大陸において来た
手と足をもいだ丸太にしてかへし
胎内の動きを知るころ骨がつき

徴兵でバンザイの声に送られて戦場に駆り出されていき、手足を失う兵士。中には、手も足も無残にもぎとられて「丸太」にして帰されることもあったわけです。傷痍《しょうい》軍人は「名誉の負傷」などと呼ばれましたが、丸太にされた者、そしてその家族の悲哀は「お国のため」や「名誉」などという空虚な言葉では言い尽くせないものがあります。

あるいは、おなかの中で子どもの胎動を感じたところに、戦死した夫の骨が届く残酷さ。その瞬間、妻は夫を失い、子は父を失った現実が襲いかかってくるわけです。

蟻食ひを嚙み殺したまゝ死んだ蟻

蟻が蟻食いを嚙《か》み殺すというのは、常識では考えられないことですが、命を賭《と》して巨大な敵に食らいつき、死んでも離れない蟻だっている。強靭《きょうじん》な意志が伝わってくる一句です。

魯迅《ろじん》は、儒教は人を毒し、自分の頭で善悪を考えなくなる訓えだと批判しました。道徳教育というものが持つ建て前主義、きれいごとを押しつける教化主義に批判の刃《やいば》を向けました。日本においてその精神を有し、川柳という文学形態で表現したのが鶴彬だった。

どこにぶつけたらいいのかわからない激しい怒りや悲しみを、あえて乾いた視点ですくいとる。魯迅の文学に漂うユーモア精神と、鶴彬の川柳にこめられた痛烈な風刺精神には、相通じるものがあります。

軍歌をうたわなかった淡谷のり子の反骨精神

淡谷のり子は、肚《きも》の据わった人でした。同調圧力の強化された戦時下にあって、自分の信念を貫き通す芯《しん》の強さを発揮していました。流行歌手としてはきわめて珍しい存在だったと言えます。

明治四〇（一九〇七）年、青森生まれ。同じ年に生まれた人には、江田三郎《えださぶろう》、三木武夫《みきたけお》、湯川秀樹《ゆかわひでき》、中原中也《なかはらちゅうや》、川島芳子《かわしまよしこ》、ジョン・ウェインらがいます。

淡谷のり子は、音楽大学の声楽科を首席で卒業し、一〇年に一人のソプラノ歌手と言われるほどの美声と歌唱技術を持った歌手でした。

「日本最初のレコード歌手」と言われたのは、昭和四（一九二九）年に「東京行進曲」をうたって大ヒットを出した佐藤千夜子《さとうちやこ》でしたが、レコード歌謡の黎明《れいめい》期だった当時は、音楽学校出身者やオペラ歌手などクラシック音楽の本格的レッスンを受けた人が流行歌をうたうケースが多かったのです。

流行歌手としての最初のヒット作は「私此頃憂鬱《ゆううつ》よ」という曲で、これは藤山一郎《ふじやまいちろう》がうたって昭和六年に大ヒットした「酒は涙か溜息か」のB面曲でした。作曲はA面B面ともに古賀政男《こがまさお》。藤山一郎もまた音大出身の声楽家でした。

吉武輝子《よしたけてるこ》さんが『別れのブルース　淡谷のり子――歌うために生きた92年』（小学館文庫）という優れた伝記を書いていますが、それによると、淡谷のり子はクラシック音楽の世界の権威主義的なところに違和感を持つようになって、ポピュラー音楽への関心を深めていったとあります。

昭和一二（一九三七）年七月に盧溝橋《ろこうきょう》事件が起き、いよいよ日中戦争が本格化した年に、淡谷のり子は「別れのブルース」をレコーディングしました。作詞は藤浦洸《ふじうらこう》、作曲は服部良一《はっとりりょういち》。レコード会社のコロムビアは、最初、この曲に難色を示していました。満州事変以降、日本の歌謡界、レコード業界には、軍国調の歌謡が一気に増えていきます。レコード会社は士気を高揚する歌を世に出したがっていました。「別れのブルース」は詞も曲も頽廃《たいはい》的で、時局にそぐわないというわけです。

ところがこの歌は、まず満州で火がつき、それから日本国内で爆発的に流行《はや》り、ミリオンセラーになったのです。

この「別れのブルース」に続いて出した「雨のブルース」も大ヒット。淡谷のり子は一躍「ブルースの女王」と呼ばれるようになりました。

押しも押されもせぬドル箱スターになり、公演はどこでも大盛況、大人気です。のり子は、持ち前の歌唱力を生かして自分の持ち歌の流行歌謡のほかに、ジャズ、シャンソン、タンゴ、ワルツ、ブルースなど多彩なジャンルの歌をうたいました。ただ、軍歌、軍国歌謡曲の類《たぐい》だけはけっしてうたいませんでした。

吉武さんの本の中に、のり子のこんな言葉が出てきます。

歌は人の心に生きることの喜びを与えるもの。人に死ぬことをすすめたり、殺すことをすすめたりする軍歌は、あれは歌じゃありませんよ。歌手たるものが歌でないものを、なんで人さまに聞かせることができますか。（『別れのブルース』）

歌手や演奏家は自発的に、あるいは軍関係者からの圧力により、どんどん軍歌をやるようになっていました。

しかし淡谷のり子は、敵性音楽だといって洋楽が禁止されてからも、軍歌をうたうことを拒否し続け、好きな歌しかうたわない反骨の流行歌手でした。

「ドレスは私の戦闘服」「モンペ姿の歌手なんて誰が喜びますか」

反骨精神は、そのスタイルにも表れていました。

男は国民服にゲートル巻き、女はモンペ姿が慫慂《しょうよう》され、一般人だけでなく、歌手までもその恰好《かっこう》でステージに立つようになっていきますが、のり子は、つけまつげにアイシャドウという独特の化粧、赤いマニキュア、舶来の香水、黒いロングドレスにハイヒールという姿でステージに立ち続けます。

「モンペなんかはいてうたって誰が喜びますか。夢を売るのが私たちの仕事。この恰好が私の戦闘服です、私の軍服なのです」と我が道を貫いていくのです。

当局は面白くありません。軍歌をうたうように言っても、うたわない。バタくさい化粧や派手な恰好もやめない。

憲兵隊本部から呼び出しがきたときも、マネージャーの「相手を刺激しないように、メイキャップは落としていった方がいい」という言葉を聞き流してステージ姿そのままで出向いていった。

「時局柄をわきまえて、もうすこし地味な服装をするように」

と言われると、

「あいにくステージ用の衣裳しか持ち合わせていません。物資不足の折から、衣裳を新調することの方が贅沢なのではないですか」

と気負いもなく答える。

「アイシャドウやつけまつげは、不謹慎だ」

と言われると、

「わたしの顔を見てください。こんなブスが素顔でステージに立って、どうなるというのですか」

と悪びれず顔をつき出す。テコでも動かぬのり子にサジを投げたのだろう。始末書を書かされて放免となったが、敗戦を迎えるまでに、のり子は五十枚近く、始末書を書かされることになる。

(同前)


戦後、GHQから、「あなたの始末書がこんなにありますよ」と見せられたことがあったそうです。

コンサート会場で軍人から軍刀を突きつけられたこともあったといいます。「殺すぞ！」と脅す軍人に対して彼女は少しもひるまずに、「私を殺して戦争に勝てるならどうぞ」と言い返します。

のり子を非難して文句を言ったのは、軍や警察だけではありませんでした。

モンペに白いたすきがけをした国防婦人たちから「この非常時に、ぜいたくは敵です」と責め立てられることもあった。のり子は、「これは私の戦闘服、ぜいたくなどではありませんよ」と敢然と言い返します。

国民服やモンペ姿で軍歌ばかりうたうようになっていた同業者たちからも、「生意気だ」「不謹慎だ」と非難されたり、中傷されたりした。

さまざまなかたちで四方八方から同調圧力がかかるのですが、子どものころから筋金入りの〝強情《じょ》っぱり〟だったのり子は、自分の信念を変えなかったのです。

敵性音楽と粋なペテン

昭和一六（一九四一）年一二月八日、日米開戦。

内務省と内閣情報局により、米英の音楽は「敵性音楽」として禁止されます。それまでもすでに言われてきていたのですが、警視庁が演奏禁止の徹底とレコード没収に本格的ににらみを利かせるようになるのです。

日本の歌でも「別れのブルース」「雨のブルース」などは頽廃的で戦意高揚にならない、うたってはいけないと言われます。

歌手が人前でうたうときの必需品、マイクロフォンなんかも敵性用具として禁止された。マイクロフォンは禁止項目から除外してほしいと嘆願書が出されたが、「神国日本の国民たる者が敵性機械に頼るなどと卑怯《ひきょう》千万なことをするな」と言われたという。軍部お得意の精神論を持ち出す論法です。

ただ、外国の歌がすべてダメというわけではない。日独伊三国同盟を結んでいる同盟国、ドイツとイタリアのものならいいというわけです。フランスは同盟国ドイツと敵対する相手だからダメ、シャンソンなんかはうたえない。

そこでのり子は、イタリア民謡やドイツリート、アルゼンチンタンゴなどをうたっていた。

その敵性音楽の取り締まりについて、ちょっと面白いエピソードがあります。

「別れのブルース」などをつくった作曲家の服部良一は、積極的に軍歌をつくろうとしなかったため、日米開戦後は仕事が極端に減ってしまった。唯一残っていたのがラジオで週一回「軽音楽の時間」という番組に指揮者、作曲家として参加することだった。収録スタジオには、敵性音楽をやらないかどうかを監視するために、内務省から監督官が派遣されてきています。


「きみ、これはアメリカのジャズじゃないかね」

と目を光らせる監督官に、（服部は）恐れず騒がず、

「いいえ、これは勇壮なマライのトラ狩りの音楽です。聞けばわかりますが、トラの吼《ほ》え声のような音がたくさん出てきます。時局にぴったりと思いますが」

と、説得につとめた。のり子はこうした同質の服部良一とは気が合った。禁止曲目のクラシックの原曲やジャズのスタンダード・ナンバーに、同盟国のドイツ、イタリアの作曲家の名を冠した「ある日のモーツァルト」とか「影絵のベートーベン」、「シューベルト・アラモード」などというあやしげな曲名をつけ、アドリブいっぱいに演奏し、ジャズ気分を満喫するという手を用いる服部良一を「粋なペテン師」と呼び、当局をペテンにかける方法を伝授してもらっていた。

(同前)

音楽のことなどわからない監督官をペテンにかけて、自由に演奏していた。それはのり子の目から見て、実に痛快だったわけです。めちゃくちゃな音楽統制をくぐり抜けていくためには、「粋《いき》なペテン」が必要だということこの感覚がいいじゃありませんか。

歌を届けるとは

淡谷のり子は、歌を弾圧する軍からお金をもらうのはまっぴらだと言って、いつも無料奉仕、自腹で慰問に行っていた。

「別れのブルース」もうたうことを禁止されていたのですが、慰問先で「皆さんのお好きな歌をうたいます。何がいいですか」と聞くと、よくリクエストされた。

前線では、これをうたっても不問に付されることがあったという。時には将校がずっと席をはずすようなこともあった。その場にいたらダメだと言わなくてはいけないから、席を立って、見て見ないふりをしてくれた。

戦意高揚だ、兵士を鼓舞する歌をやれ、というのは軍の上層部の勝手な押しつけでしかなく、兵士たちが求めていたのは、のり子がうたうような、生きることの励ましになる歌だった。

「ステージで涙を見せるのは歌手の恥」

そう公言していた淡谷のり子が、一度だけ慰問先で泣いてしまったことがあります。太平洋戦争も末期、九州の特攻基地でうたってくれないかという依頼が来た。急ごしらえの狭い会場の後ろのほうに、白いはちまきをしたまだあどけなさの残る一〇代の若者たちの一団がいた。上官の将校が「特攻隊です。途中で命令が下りたときはお許しを」と言った。

せめて自分がうたい終わるまではいてほしい、その願いもむなしく、途中で一人がステージに向かって敬礼して去っていった。一人、また一人と敬礼しては去り、とうとうはちまきの一団全員が消えていった。

じっとこらえていたのり子は、胸が詰まってうたえなくなってしまい、「すみません。少し泣かせてください」と言って客席に背を向け、声をあげて泣いた。
戦争は、まだ死ななくてもいいこんな若い命を奪う。兵士たちを死地に追いやるための歌、軍歌というものを、淡谷のり子はとことん嫌い、憎んでいたのです。

戦後すぐ、テイチクのディレクターから「星の流れに」という曲をうたわないかと打診された。歌詞の中に「〽こんな女に誰がした」というフレーズが出てくる。自分の生き方に投げやりで、他人に責任転嫁しているように思えた。そういう歌を、情感をこめてうたうふりをするのはイヤだ、と言ってレコーディングを断るんです。
ディレクターが、夜の女になったのは、軍国主義者たちが戦争をしたからではないかと言うと、のり子はこう答えた。

「それを戦争中に言ってほしかったわ。戦争中は軍国主義に媚びて協力したくせに、いまになって戦争反対者みたいな顔をするなんて、それこそずるい人間のすることよ」

これで彼女はテイチクに居づらくなって、日本ビクターに移籍することになります。
のり子が断ったこの曲は、菊池《きくち》章子《あきこ》という歌手がうたって昭和二二（一九四七）年に大ヒットしました。たとえ売れそうだと思っても、自分の価値観、美学に反することはやらなかった。ある意味、とても不器用な生き方でもあるわけです。

日本的な「長いものには巻かれろ」的な風潮も嫌いなら、流されておきながら自分を正当化する精神も大嫌いだった。時流に徹底的に抵抗しぬいて骨太に生きた人です。八〇歳を越えるまでステージに立ち続け、平成一一（一九九九）年に九二歳で亡くなりました。

元気の秘訣《ひけつ》は「自由でしばられないこと」と語っていたといいます。

第五章　戦争協力と戦争責任を考える

日本的な同調型思考停止社会のワナ

「隣組」とは何だったのか

「隣組」という言葉を耳にしたことがあると思います。地方では、町内会を今も隣組と呼ぶところもあります。もともとは、戦時中に国の意図のもとにつくられたものです。本章はその隣組の話から始めましょう。

こんな歌を知っていますか？

一

トントントンカラリと隣組
格子を開ければ　顔なじみ

回してちょうだい　回覧板
知らせられたり　知らせたり

二
トントントンカラリと隣組
あれこれ面倒　味噌《みそ》醤油《しょうゆ》
ご飯の炊き方　垣根越し
教えられたり　教えたり

昭和一五（一九四〇）年につくられた「隣組」という歌です。作詞は岡本一平《おかもといっぺい》、岡本太郎《たろう》の父親です。作曲は飯田信夫《いいだのぶお》。

知らないという人でも、ザ・ドリフターズがやっていたコント番組のオープニング曲、「〽ド・ド・ドリフの大爆笑　チャンネル回せば顔なじみ……」と言えば、思い当たるかもしれません。あれの元歌が「隣組」です。

明るく軽快に隣近所の相互扶助をうたった歌ですが、実際の隣組というのはそんな微笑ましいものではなかったのですね。国が主導した庶民の相互監視、思想統制のための組織だったのです。

内務省は、国民精神総動員運動を進める過程で、各地にある部落会・町内会・隣保班という存在に着目しました。そして昭和一五年九月に「部落会・町内会・隣保班・市町村常会整備要綱」(隣組強化法)を制度化します。

五―一〇世帯を一つのユニットとし、「向こう三軒両隣」を合言葉に団結を促し、共同体感覚を強めるものです。

生活に関する情報はすべて隣組で回される回覧板で知らされる。防空・防火訓練、勤労奉仕、貯蓄奨励、炊き出し、供出、配給など、総力戦のための活動はすべて隣組単位で行われるようになりました。

「常会」といって定期的な会合をやることが定められていて、そこで時局の認識、相互教化、相互扶助の美風涵養《かんよう》が行われます。

私生活はすべて筒抜け。隣組に非協力的だと、情報が入ってこなくなります。配給切符がもらえないこともある。和を乱す者があると連帯責任になるおそれがあるので、いきおい相互監視の目を光らせるようになります。そして何かあると「ご注進」する。

このシステムができたことで、いちいち軍人が監視したり指導したりしなくても、庶民を管理統制できるようになった。隣組が〝先兵〟になったわけです。

そこで、こんな「隣組」の替え歌もあったようです。

どんどんドンガラリとドナリ組

あれこれ面倒　味噌醤油
回してちょうだい　買いだめ品
ああ情けない　腹減った

常会については、いつどこでどのようにやるといいか、その司会の仕方、進行順序まで事細かく指導されていました。昭和一六（一九四一）年七月には、全国の隣組一斉常会が行われ、ラジオ放送を通じて内務省が常会指導ということまでしています。

隣組は官主導のがんじがらめ体制だったのです。

戦争遂行のため、軍部は国民精神の総動員を図っていきます。法律を定め、「一億一心」というスローガンの下、それを進めていきますが、それを浸透させる毛細血管となったのが隣組でした。それを通じて国民精神を吸い上げ、また、それを通じて「一心」の強化を呼びかける。その反復運動の重要な媒体として隣組の果たした役割を忘れることはできません。

隣組制度がつくられた当時の時代背景を、簡単に見ておきましょう。

昭和一三年　四月　国家総動員法公布

昭和一四年　六月　国民精神総動員委員会、生活刷新案を決定（遊興営業の時間短縮、ネオン全廃、中元―歳暮の禁止、学生の長髪やパーマネントの禁止など）

昭和一五年　三月　内務省、藤原釜足《ふじわらかまたり》、ディック・ミネら一六人に改名を指示

四月　米・味噌・マッチ・砂糖など一〇品目の切符制採用

八月　東京府、食堂・料理屋等で米食使用禁止、販売時間制限等を実施。「ぜいたくは敵だ！」の看板設置

九月　内務省により隣組発足

一〇月　たばこの改名発表（ゴールデンバット→金鵄《きんし》、チェリー→桜）。東京のダンスホール閉鎖

一一月　大日本帝国国民服令公布

昭和一六年　四月　小学校を国民学校と改称。六大都市で米穀配給通帳制・外食券制実施

七月　全国の隣組、一斉常会。ラジオ放送を通じて内務省の常会指導

八月　大政翼賛会《たいせいよくさんかい》、みそぎ錬成講習会開催

昭和一七年　二月　味噌・醤油・衣料に切符配給制実施

昭和一八年　五月　寺院の仏具・梵鐘など強制供出（金属類回収令）
　　　　　　一月　英米楽曲約一〇〇〇種の演奏・レコード禁止

敗戦後の昭和二二（一九四七）年、GHQにより、この強制的な隣組制度は解体されました。

しかし、それによって隣組というものがまったくなくなったわけではありませんでした。ゆるやかなつながりになったものの、この日本独特の自治の仕組みは残っていくのです。

「音楽は軍需品」の時代

前章で、淡谷のり子が軍国歌謡を一切うたおうとしなかったという話を取り上げましたが、あの時代においてそうした意志を貫こうとするのは大変なことでした。内閣情報局が「音楽は軍需品なり」と言って、国防において音楽は重要な役割を果たすという方針で統制を強めていたからです。国民をより戦闘的な方向へと「指導」していくために音楽を積極的に利用していた。

国に反発すると物資の割り当てにも響くので、レコード会社は当局の覚えめでたくあるようにと軍国歌謡ばかりを吹き込むようになります。淡谷のり子のように軍歌を拒否している歌手はレコード会社にとって利用価値がないということになり、仕事を干されます。

一方、情報局は音楽家たちを業界ぐるみで抱え込もうとします。これの中心になったのが山田耕筰《やまだこうさく》でした。

情報局傘下の組織として「日本音楽文化協会」がつくられます。演奏家協会員は「音楽挺身隊《ていしん》」の一員となり、いわば「軍属」となって慰問に行く際には、軍がけっこうな額の出演料を出してくれるのです。あるいは、食糧や嗜好品《しこうひん》などの物資を融通してもらえたりする。徴兵を逃れられるというメリットもあった。

あの手この手で組織的に締めつけてくるわけです。情報局のやり方にすり寄り、協力していかなければ、はなはだ生きにくい情勢になっていたのです。

これは音楽だけに限りません。文芸の世界でも、言論の世界でも、美術絵画の世界でも、同じようなことが行われていました。日本文学報国会、大日本言論報国会、日本美術報国会と日本美術及工芸統制協会などがそれで、そういった組織に加入しなければ画家や作家たちは紙、文具、絵具等の必要な物資が供給されず、実質的に制作活動ができなくなりました。

そうやって文化・芸術に携わる人たちも戦争にのみ込まれていったのです。

詩人、西條八十の責任

詩人、西條八十《さいじょうやそ》は、西洋的知性を身につけた詩人でした。

明治二五（一八九二）年、東京生まれ。

同じ年に生まれた人には、堀口大學《ほりぐちだいがく》、細田民樹《ほそだたみき》、芥川龍之介、野坂参三《のさかさんぞう》、チトー、吉川英治《よしかわえいじ》、水原秋櫻子《みずはらしゅうおうし》らがいます。長寿の双子姉妹として有名になったきんさん、ぎんさんも同い年です。

八十は、『砂金』のような象徴詩で世に出てきた人で、早稲田でフランス文学の教授を務めていたインテリだったのですが、軍歌をたくさん書くようになっていきます。

たとえば、「同期の桜」の作詞は八十です。

貴様と俺とは　同期の桜
同じ兵学校の　庭に咲く
咲いた花なら　散るのは覚悟
みごと散りましょ　国のため

あるいは、「〽若い血潮の予科練の　七つボタンは桜に錨《いかり》」と始まる「若鷲《わかわし》の歌」。

このほかに、「戦友の唄」「そうだその意気」「さくら進軍」「決戦の大空へ」「乙女の戦士」「祖国の護り」「学徒進軍歌」などがあり、「比島決戦の歌」というのもあります。

決戦かがやく　亜細亜《アジア》の曙
命惜しまぬ　若桜
いま咲き競う　フィリッピン
いざ来い　ニミッツ　マッカーサー
出てくりゃ　地獄へ逆落とし

これは昭和一九（一九四四）年の歌ですから、もうかなり敗色濃厚な時期です。とはいえ、「これが詩人のつくった詞か？」と首をひねりたくなります。

このとき、八十は軍部から、「敵愾心《てきがいしん》を煽《あお》る歌をつくれ」「敵の将軍の名前を全部入れろ」と注文された。いくら軍の命令でもそんなばかげた歌はできないと断った。ところが歌の打ち合わせに姿を見せていた陸軍将校が、「わけないじゃないか」と言って「〽いざ来い　ニミッツ、マッカーサー　出てくりゃ　地獄へ逆落とし」という歌詞をつくり上げてしまった、という逸話があります。

それでも、詩人として自分の名でこんな恥ずかしいものが世に出ていくことをよしとしたわけですから、たとえ本人が書いていなかったとしてもその責任は変わりません。

西條八十は、のちに日本経済新聞の「私の履歴書」でこう語っています。

「ぼくは流行歌、軍歌の如き歌謡は、もとから芸術品ではないと考えている。だが、芸術品でなくとも、これらには政治、産業などと同じく、百万人、千万人の人間を動かす力があるのだ。そういう点で、男子が一生を賭ける仕事として価値があると信じる」

歌にはそれだけの力があるとわかっていながら、なぜその恐ろしさ、罪深さに思いがいたらなかったのか、ということです。

戦後、GHQ総指揮官としてマッカーサーが日本にやってきました。「〽いざ来いニミッツ、マッカーサー」なんて詞の作者なのですから戦犯は免れないだろうと覚悟していた。ところが、いつまで経っても呼び出しはなかった。

西條八十だけでなく、軍歌、軍国歌謡の作り手たちは、結局、戦争責任を問われることはなかったのです。

その理由として、マッカーサーは「日本の流行歌には思想がないから問題にする必要はない」と語ったと言われています。

はたしてそうだったのか。

私は、歌が与えた影響力というのは非常に大きく、その責任は不問にしてよかったとは思いません。「歌ごときのことで眦《まなじり》を決して戦争責任うんぬんと言わなくても……」という風潮が日本にはありますが、その「歌ごとき」が人を動かす力になっていたという点を見過ごしてはいけないのです。

節操なき作曲家、古関裕而

思想がない、信念がないということでは、作曲家の古関裕而《こせきゆうじ》のことも挙げておかなくてはなりません。

明治四二（一九〇九）年生まれ。

前出の川柳作家、鶴彬と同い年です。

古関裕而は多作の人で、軍歌もびっくりするほどたくさんつくっています。

有名なところでは、「〽勝ってくるぞと勇ましく　誓って故郷《くに》を出たからは」という歌詞で始まる「露営の歌」。作詞は藪内喜一郎《やぶうちきいちろう》。

「〽ああ　あの顔であの声で　手柄頼むと　妻や子が」とうたう「暁に祈る」。

西條八十とのコンビでつくった「若鷲の歌」「比島決戦の歌」「決戦の大空へ」。サトウハチローとのコンビでつくった「断じて勝つぞ」「台湾沖の凱歌《がいか》」。ほかにも「愛国の花」だとか「ラバウル海軍航空隊」だとか、淡谷のり子の言葉を借りて言えば「兵士たちを死に追いやる歌」を量産しています。

ところが、さんざん戦意をあおって多くの人を死にいたらしめた古関裕而が、戦後、平和を祈る歌「長崎の鐘」の作曲もしている。しかも作詞はサトウハチローで、軍歌をつくってきたコンビで、今度は平和を願う歌をつくっている。これは、犠牲者とその遺族を愚弄しているとしか言いようのない話です。「長崎の鐘」をつくって平和への鎮魂の気持ちを歌にしていれば、あれだけ好戦ムードを盛り上げた罪は不問にされていいのか。

この人の作品一覧を見ていると、おやっと思うことが続々と出てきます。たとえば、「六甲おろし（大阪タイガースの歌）」をつくったのも古関裕而なのですが、彼はなんと、読売ジャイアンツの応援歌「闘魂こめて」もつくっている。さらに、中日ドラゴンズの応援歌「ドラゴンズの歌」もつくっている。

早稲田大学の応援歌「紺碧《こんぺき》の空」をつくっているかと思えば、慶應義塾大学の応援歌「我ぞ覇者」もつくっているし、東京農業大学や中央大学の応援歌もつくっている。

あっちの戦意を鼓舞する曲も、こっちの戦意を鼓舞する曲も同じ作者の手になるというのは、いかがなものなのか。これを知ってもう「六甲おろし」をうたいたくなくなった、という人もいます。

高校野球の歌「栄冠は君に輝く」もそう、東京五輪の「オリンピック・マーチ」もそう、陸上自衛隊の隊歌、海上自衛隊の隊歌もつくっている。

どれだけ人を戦わせたいのか。

人を鼓舞する曲づくりがうまかったのでしょうが、そうであればなおさら、鎮魂のための歌、平和を祈る歌「長崎の鐘」をつくるべきでなかった。

歌をつくることを生業にしていながら、歌の持つ影響力の深さを考えることのできない人だったと思わずにいられないわけです。

城山三郎の負った精神の火傷

城山三郎さんは、一七歳で海軍に志願入隊した人でした。

昭和二（一九二七）年生まれ。同じ年に生まれた人には、吉村昭、藤沢周平、北杜《きたもり》夫《お》、堤清二《つつみせいじ》、石牟礼道子らがいます。

城山三郎こと当時の杉浦英一少年は、ベストセラーになっていた杉本五郎《すぎもとごろう》中佐の『大義』（平凡社）に心酔した純粋無垢《むく》な皇国少年でした。理科系の学校に進んで徴兵が猶予されるところだったのを、わざわざ取り消して海軍に志願しました。

しかし入隊して目の当たりにしたのは、立派な皇軍と信じて疑わなかった軍隊が、信じられないような腐敗した世界だった現実です。


夏草がおい茂り、草いきれが鼻につくようになると、ぼくはきまって短かった海軍生活のことを思い出す。忠君愛国のかけ声に、志願してはいった海軍――夏草の茂った演習場で、ぼくらは地をはわされ、ときには水の中もはわされ、サツマイモのクキだけのおかずで衰弱し切ったからだを投げ出し、肉薄攻撃訓練などやらされていた。

だが、士官食堂のかたわらを通ると、毎日のように天ぷらやカツレツをあげるにおいがし、疲れ切ったからだで分隊長室のそうじをすれば、白い食パンがかびをはやしてすてられていた。『愛国の精神』を絶叫する連中ほど、現実の生活はそれから遠いところにあった。

腹立たしかった。そうしたはげしい『精神』注入に、自殺した仲間まである。終戦になったからといって、のめのめ彼らを帰すものかと思ったが、彼らはだれより早く、倉庫から米や砂糖をかつぎ出し、大手を振って帰郷して行った。

（『男子の本懐』、新潮文庫）

幹部はのうのうと暖衣飽食をし、自分たちは虫けらのように扱われた。たった四か月ながら、二度と思い出したくない軍隊体験は、城山さんの精神を深く傷つけました。そしてしたたかに打ちのめされた経験を小説にしたいと『大義の末』(角川文庫)を書きます。これを書きたかったから、自分は小説家になったのだ、ともよく言っていました。

戦時中に勇ましい軍歌をつくっていた作詞家・作曲家が、戦後、平和を祈る歌をつくっていたことを私が話したとき、「〽若い血潮の予科練の」とか「〽勝ってくるぞと勇ましく」といった軍歌に鼓舞された人間として激しい怒りを感じると涙ぐみながら言っていたのが印象的でした。

城山さんの読んでいたころの『大義』は、ところどころが伏せ字になっていました。のちにその伏せ字部分には「現在大陸に出ている軍隊は皇軍ではない。略奪・暴行・侵略をほしいままにする軍隊は、皇軍でなく侵略軍である」という意味のことが書かれていたことを知るわけです。

つまり、杉本中佐の書いたことで軍にとっては都合の悪い部分は覆い隠されて、きれいなところだけが表に出されて、少年たちに皇軍の幻想を与えていた。

城山さんは、自分は「志願」したと思ったが、あれは志願ではなかった、言論統制のもと、まやかしの戦略で国や社会がゆがんだ情報を流して、自分たちを導いていたのだと知るのです。そして「志願」と思わされた自らの未熟さを恥じつつ、「志願」と思わせた国や社会といった組織への怒りを原動力にして、多くの小説を書きました。紫綬褒章《しじゅほうしょう》を断るときに、夫人に「おれには国家というものが、最後のところで信じられない」と言ったそうですが、国に裏切られた少年時代の精神の火傷の痕《あと》は、それほどまでに深かったのです。

城山さんは個人情報保護法に強く反対していたのですが、その思いは、言論の自由は決して失われてはならないものだというところから発していました。

伊丹万作「戦争責任者の問題」

さて、こうした当時の状況を知ったうえで、序章でも触れた伊丹万作の「戦争責任者の問題」を再び読んでみましょう。

敗戦後、多くの日本人が、「だまされていた」「そんなこととは知らなかった」「仕方なくやらされていた」などと言いました。

伊丹万作は、まずその点に目を向けました。

「戦争責任者の問題」より引用します。

さて、多くの人が、今度の戦争でだまされていたという。みながみな口を揃えてだまされていたという。私の知っている範囲ではおれがだましたのだといった人間はまだ一人もいない。ここらあたりから、もうぼつぼつわからなくなってくる。多くの人はだましたものとだまされたものとの区別は、はっきりしていると思っているようであるが、それが実は錯覚らしいのである。たとえば、民間のものは軍や官にだまされたと思っているが、軍や官の中へはいればみな上のほうをさして、上からだまされたというだろう。上のほうへ行けば、さらにもっと上のほうからだまされたというにきまっている。すると、最後にはたった一人か二人の人間が残る勘定になるが、いくら何でも、わずか一人や二人の智慧《ちえ》で一億の人間がだませるわけのものではない。

すなわち、だましていた人間の数は、一般に考えられているよりもはるかに多かったにちがいないのである。しかもそれは、「だまし」の専門家と「だまされ」の専門家とに劃然と分れていたわけではなく、いま、一人の人間がだれかにだまされると、次の瞬間には、もうその男が別のだれかをつかまえてだますというようなことを際限なくくりかえしていたので、つまり日本人全体が夢中になって互にだましたりだまされたりしていたのだろうと思う。

このことは、戦争中の末端行政の現われ方や、新聞報道の愚劣さや、ラジオのばかばかしさや、さては、町会、隣組、警防団、婦人会といったような民間の組織がいかに熱心にかつ自発的にだます側に協力していたかを思い出してみれば直ぐにわかることである。

（中略）

少なくとも戦争の期間をつうじて、だれが一番直接に、そして連続的に我々を圧迫しつづけたか、苦しめつづけたかということを考えるとき、だれの記憶にも直ぐ蘇ってくるのは、直ぐ近所の小商人の顔であり、隣組長や町会長の顔であり、あるいは郊外の百姓の顔であり、あるいは区役所や郵便局や交通機関や配給機関などの小役人や雇員や労働者であり、あるいは学校の先生であり、といったように、我々が日常的な生活を営むうえにおいていやでも接触しなければならない、あらゆる身近な人々であったということはいったい何を意味するのであろうか。

いうまでもなく、これは無計画な癲狂《てんきょう》戦争の必然の結果として、国民同士が相互に苦しめ合うことなしには生きて行けない状態に追い込まれてしまったためにほかならぬのである。そして、もしも諸君がこの見解の正しさを承認するならば、同じ戦争の間、ほとんど全部の国民が相互にだまし合わなければ生きて行けなかった事実をも、等しく承認されるにちがいないと思う。

しかし、それにもかかわらず、諸君は、依然として自分だけは人をだまさなかったと信じているのではないかと思う。

そこで私は、試みに諸君にきいてみたい。「諸君は戦争中、ただの一度も自分の子にうそをつかなかったか」と。たとえ、はっきりうそを意識しないまでも、戦争中、一度もまちがったことを我子に教えなかったといいきれる親がはたしているだろうか。

いたいけな子供たちは何もいいはしないが、もしも彼らが批判の眼を持っていたとしたら、彼らから見た世の大人たちは、一人のこらず戦争責任者に見えるにちがいないのである。

もしも我々が、真に良心的に、かつ厳粛に考えるならば、戦争責任とは、そういうものであろうと思う。

自分はだまされていた、と多くの人が思っているだろうが、だまされていたと同時にまた誰かをだましてもいた。しかもその相手は、とても身近な人たちだった。日常的に、熱心に、自発的に、ある種の正義のようなつもりでだましあいに協力していたじゃないか、同調圧力をかけあっていたじゃないか、そのことをきちんと認めよう、というわけです。

だまされることは悪である、罪である

伊丹万作のメッセージのもう一つの大事なポイントは、だまされていたことを正当化させてはいけない、ということです。

だまされたということは、不正者による被害を意味するが、しかしだまされたものは正しいとは、古来いかなる辞書にも決して書いてはないのである。だまされたとさえいえば、一切の責任から解放され、無条件で正義派になれるように勘ちがいしている人は、もう一度よく顔を洗い直さなければならぬ。

しかも、だまされたもの必ずしも正しくないことを指摘するだけにとどまらず、私はさらに進んで、「だまされるということ自体がすでに一つの悪である」ことを主張したいのである。

だまされるということはもちろん知識の不足からもくるが、半分は信念すなわち意志の薄弱からもくるのである。我々は昔から「不明を謝す」という一つの表現を持っている。これは明らかに知能の不足を罪と認める思想にほかならぬ。つまり、だまされるということもまた一つの罪であり、昔から決していばっていいこととは、されていないのである。

（中略）

いくらだますものがいてもだれ一人だまされるものがなかったとしたら今度のような戦争は成り立たなかったにちがいないのである。

つまりだますものだけでは戦争は起らない。だますものとだまされるものとがそろわなければ戦争は起らないということになると、戦争の責任もまた（たとえ軽重の差はあるにしても）当然両方にあるものと考えるほかはないのである。

そしてだまされたものの罪は、ただ単にだまされたという事実そのものの中にあるのではなく、あんなにも造作なくだまされるほど批判力を失い、思考力を失い、信念を失い、家畜的な盲従に自己の一切をゆだねるようになってしまっていた国民全体の文化的無気力、無自覚、無反省、無責任などが悪の本体なのである。

このことは、過去の日本が、外国の力なしには封建制度も鎖国制度も独力で打破することができなかった事実、個人の基本的人権さえも自力でつかみ得なかった事実とまったくその本質を等しくするものである。

（中略）

「だまされていた」という一語の持つ便利な効果におぼれて、一切の責任から解放された気でいる多くの人々の安易きわまる態度を見るとき、私は日本国民の将来に対して暗澹たる不安を感ぜざるを得ない。

「だまされていた」といって平気でいられる国民なら、おそらく今後も何度でも

だまされるだろう。いや、現在でもすでに別のうそによってだまされ始めている
にちがいないのである。
　一度だまされたら、二度とだまされまいとする真剣な自己反省と努力がなけれ
ば人間が進歩するわけはない。この意味から戦犯者の追及ということもむろん重
要ではあるが、それ以上に現在の日本に必要なことは、まず国民全体がだまされ
たということの意味を本当に理解し、だまされるような脆弱《ぜいじゃく》な自分というものを
解剖し、分析し、徹底的に自己を改造する努力を始めることである。

「批判力を失い、思考力を失い、信念を失」って、自分たちの行く末をすべてゆだね
きっていた、「無自覚、無反省、無責任」を重ねてきた、その愚かしさを認めようと
言う。
　これはとても大事な指摘です。
疑問を持たず、考えず、批判せず、信念を打ち捨てて、その流れの渦に巻き込まれ
てだまされ続けていたほうが、人間ラクなのです。自分たちの乗っている船がドロ船
ではないかと心配し、声を上げるよりは、みな一緒に乗っているのだから大丈夫に決
まっている、と思ってしまったほうがラクです。そうやって思考停止状態になってい
く。

伊丹万作は、考えることをやめてはいけない、しなやかな思考力を持とうじゃないかと提案したのです。

原発の安全性、集団的自衛権という名の憲法改悪、今もまた、私たち日本人は為政者にだまされつつあります。だまされることは悪なのだ、罪なのだという自覚が、いっそう強く求められているわけです。

そういう意味でも、あらためて伊丹万作の言葉を深く心に刻みたいところです。

「個」としての自覚と責任意識が薄い日本人

たとえば、音楽業界を牛耳っていた重鎮たちは、戦後、責任のなすりあいをしました。

音楽家は、自分たちは情報局の圧力で旗振りをさせられていただけなのだと主張し、情報局は、評論家たちの論調に影響されたのだと言い、評論家は、実際に好戦的な音楽活動をしていた音楽家たちにこそ責任があると言った。

いろいろなところで同じような責任転嫁が行われました。

そのうちに、「みなに責任があったのだ」という話が出てくる。これも日本人が陥りやすいところです。「一億総懺悔《ざんげ》論」のような話にしてしまうことで、責任を分散、いや棚上げして、雲散霧消させてしまうのです。

そうではなくて、責任の腑分《ふわ》けをしなければいけないのです。みなが、自分の責任の範囲というものを自覚しなければいけない。誰かに言われてやったことも、誰かのためにやったことも、やったからには自分に責任がある。そういう意識を持つ必要があるということです。

むのたけじさんは敗戦のときに、自分は新聞記者として何を書いてきたかという責任を感じて朝日新聞に辞表を叩きつけましたが、報道の責任を個人としてそうやって担ったのは、むのさんくらいでした。

精神構造のバックボーンというのも関係があるかもしれません。

キリスト教の精神は「個」という概念がはっきりしやすい。一人ひとりが神と向き合い、自分の行いを問う姿勢は、個として屹立《きつりつ》していないといけない。誰かのせいにはできない。それが個としての責任意識と通じるのではないかと思います。

しかし日本の宗教には、個として神と対峙《たいじ》する概念はありません。つねに、個としての自分を集団の中に溶け込ませている。

丸山眞男《まるやままさお》は『現代政治の思想と行動』（未來社）でこう書きました。

ナチスの指導者は今次の戦争について、その起因はともあれ、開戦への決断に関する明白な意識を持っているにちがいない。然るに我が国の場合はこれだけの大戦争を起しながら、我こそ戦争を起したという意識がこれまでの所、どこにも見当らないのである。何となく何物かに押されつつ、ずるずると国を挙げて戦争の渦中に突入したというこの驚くべき事態は何を意味するか。我が国の不幸は寡頭勢力によって国政が左右されていただけでなく、寡頭勢力がまさにその事の意識なり自覚なりを持たなかったということに倍加されるのである。

（「超国家主義の論理と心理」）

「個」として自覚がないままにやってきた。だから、自分は組織の中の一歯車として動かされてきたのであって、自分がやろうとしてやったことではないと言う。

権威への依存性から放り出され、一箇の人間にかえつた時の彼らはなんと弱々しく哀れな存在であることよ。だから戦犯裁判に於て、土屋は青ざめ、古島は泣き、そうしてゲーリングは哄笑する。

（同前）

ゲーリングというのはヘルマン・ゲーリング、ナチスのナンバー2です。やったことがいいか悪いかは別として、自分の考え、自分の意思のもとに行動してきたという自覚があるから、戦争責任を問う裁判で糾弾されたときに、それがなんだと笑う。ところが、日本の主導者は青ざめ、泣き出す。自覚がなくやっていたことなので、自分の責任を問われて激しく動揺する。そして、天皇のためにやった、というようなことを言うわけです。

軍人の中には、本庄繁や阿南惟幾《あなみこれちか》のように自身の責任を感じて自決した人もいましたが、多くは狼狽《ろうばい》したのです。東条英機などは、ピストル自殺に失敗して病院に運び込まれて一命を取りとめています。自殺を推奨する気は毛頭ありませんが、自決さえもできない人間が軍のトップに立っていたというのは、なんともお粗末な話でした。

自覚と責任意識がない姿勢というのは、戦争による賠償問題にもつながっています。ドイツの場合は、企業がそれなりに戦争責任を感じて補償や賠償をきちんと前向きにやっていきます。

ところが、日本の企業はそこをすごく渋ります。自分たちは国家の命令でやったんだと言う。そこにある自分たちの責任を認めようとしませんでした。

たとえば、戦時中には、中国人や朝鮮人を日本に連れてきて、強制労働させていた事業所がかなりありました。秋田県大館《おおだて》市の花岡《はなおか》にあった鹿島《かじま》組（今の鹿島建設）では、重労働や補導員らの暴行に抗議した中国人が決起、四一八人が死亡する「花岡事件」が起きています。

しかし、鹿島建設が企業としての責任を認めて補償についての対応をするようになったのは、平成二（一九九〇）年のことでした。四五年も経ってようやくです。

個人は組織の中に個を埋没させて責任逃れをし、組織は官や国に責任転嫁をする。この日本的体質は、一人ひとりが「個としての自覚」というものを変えていくことでしか、変わっていかないと私は思います。

第六章　つくられた終戦記念日
本当の終戦はいつだったのか

終戦記念日はなぜ八月一五日なのか

私たち日本人は、八月一五日を「終戦の日」と捉《とら》えています。

しかし世界に目を向けてみると、この日を日本との戦争が終わった日と捉えている国はきわめて少ないのです。お隣の韓国と北朝鮮くらいで、そのほかの国は八月一五日に終戦したとは考えていません。

アメリカなどの連合国では、東京湾上のミズーリ号で降伏文書の調印があった九月二日を、戦勝記念日としています。

中国では九月三日。

本当の終戦は一体いつなのでしょうか？

一九四五年七月、ポツダム宣言が発表されたところから、大きな流れを整理してみましょう。

七月二六日　ポツダム宣言が発表される
七月二八日　鈴木貫太郎《すずきかんたろう》首相、ポツダム宣言黙殺、戦争邁進《まいしん》の談話を発表
八月　六日　広島に原爆投下
八月　八日　ソ連、対日参戦
八月　九日　長崎に原爆投下
八月一〇日　九日から行われた御前会議の末、一〇日未明にポツダム宣言の受諾を決定
八月一二日　日本の降伏条件に対する連合国の回答が届く
八月一四日　御前会議、ポツダム宣言受諾を最終決定。連合国に通告。天皇、戦争終結詔書を録音
八月一五日　玉音放送が流される。鈴木内閣総辞職
八月一七日　東久邇宮稔彦《ひがしくになるひこ》内閣成立
八月三〇日　連合国軍最高司令官マッカーサー、厚木《あつぎ》飛行場に到着
九月　二日　全権重光葵《しげみつまもる》外相らが、ミズーリ号上で降伏文書に調印、天皇による

降伏詔書が世界に発表される。GHQ、軍需生産全面中止指令を出す

日本で八月一五日を終戦としているのは、この日にラジオで玉音放送が流されたからです。天皇自らの口から「終戦の詔《みことのり》」が国民に伝えられた日でした。ただし、日本がポツダム宣言を受諾し、天皇が終戦の詔に署名をして連合国サイドに通達したのは、八月一四日です。ポツダム宣言の受諾については、一〇日の時点でおおむね決まっており、その最終決定がなされたのが一四日。玉音放送の録音が行われたのも一四日でした。

終戦の日について考察している『八月十五日の神話――終戦記念日のメディア学』（ちくま新書）によれば、一五日は玉音放送が流されただけであって、国際関係という視点からすると、なんらエポック的な日ではない。天皇の終戦の詔は八月一四日付で署名がされているので、意味を持つとしたらむしろ八月一四日ではないかと言うのですね。

そして、もっと意味を持つのは九月二日であると言う。外交文書のかたちで正式調印がなされた日だからです。

外交条約の調印・批准・発効の日というのが国際的な記念日として重要視されるというグローバルスタンダードから考えると、八月一五日は何の日でもないわけです。

諸外国の捉え方

アメリカをはじめとする連合国は、日本政府の代表として外相、重光葵と参謀総長、梅津美治郎《うめづよしじろう》が戦艦ミズーリ号上で降伏文書に調印した九月二日を正式な戦争終結の日、「対日戦勝記念日（VJデー）」としています。

中国では、日本が降伏文書に調印したのが九月二日なので、その日をもって戦争が終わったとし、その翌日九月三日を「抗日戦争勝利記念日」としています。

ロシア（旧ソ連）は、以前は中国と同じように九月三日を戦勝記念日としていましたが、平成二二（二〇一〇）年に九月二日に変更され、名称も「第二次世界大戦終結記念日」に変わりました。ロシアがそのあたりにこだわるのは、北方四島問題の対応戦略がからんでいるからです。

韓国では、日本が敗戦を認めた八月一五日に朝鮮半島は日本の統治下から解放されたとして、光を取り戻した日、「光復節《こうふくせつ》」として祝日になっています。北朝鮮でもこの日を日本からの「祖国解放記念日」としています。

一方、台湾における日本統治終了の記念日、「台湾光復節」は一〇月二五日です。ずいぶん後になってからという印象ですが、台北市で、台湾総督府の最後の総督、安藤利吉《あんどうりきち》と、中華民国台湾省行政長官、陳儀《ちんぎ》との間で降伏受諾の式典が行われた日なのです。

そうなると、ちょっと疑問が湧きませんか？　朝鮮半島は、なぜ朝鮮総督府が降伏文書に署名した日ではなくて、八月一五日なのか。

日本が連合国と降伏調印をした後、朝鮮半島は連合国によって分割統治されることになり、これが北緯三八度線を境とした米ソ分割占領となり、南北分断へとつながっていきます。つまり、朝鮮半島は日本の統治から解放されてようやく光を取り戻すことができたものの、翌九月にはまた新たな混沌《こんとん》の時代に入ってしまった。だから八月一五日に意味があるわけです。

ちなみに、連合国といっても、アメリカとヨーロッパとではまた微妙に捉え方が異なります。フランスやイギリスでは、第二次世界大戦の終わった日というのは、ナチスドイツが降伏した五月八日という意識が強い。

イギリスでは、五月八日は「ヨーロッパ戦勝記念日（VEデー）」として記念行事が行われます。「対日戦勝記念日（VJデー）」は八月一五日と九月二日とされていますが、実際に日本との終戦がいつだったのかという点はあまり大きな問題にされていませんん。領土問題が関わってこないからでしょう。イギリスでは終戦の日にち云々《うんぬん》よりも、日本が戦争捕虜をどう扱ったかのほうに強い関心があるのです。

国によって、「戦争が終わった日」の解釈の仕方はじつにさまざまです。

実際に戦争が終わった日は？

日本国内でも終戦の捉え方は違います。

原爆が落とされた広島の人にとっては、八月一五日よりも八月六日のほうが忘れられない日であり、長崎の人にとってそれは八月九日です。

沖縄の人にとって忘れることのできない特別な日は六月二三日、「慰霊の日」です。毎年この日は、糸満《いとまん》市摩文仁《まぶに》の平和祈念公園で「沖縄全戦没者追悼式」が行われるほか、県内各地の慰霊塔で一斉に慰霊祭が行われています。

沖縄は、唯一、日本国内の一般市民が地上戦を体験した土地です。沖縄戦における戦死者は二〇万人を超しますが、そのうち半数に近い九万四〇〇〇人余りの戦死者が一般市民でした。

沖縄戦は、第三二軍司令官牛島満《うしじまみつる》大将（当時は中将）をはじめとする司令部が自決した日をもって、組織的戦闘が終結したとされてきました。それが六月二三日です。

終戦後、琉球《りゅうきゅう》政府によってこの日が「慰霊の日」と定められました。牛島中将の自決には二二日説と二三日説とがあり、二二日としていた時期もあったそうですが、現在は二三日とされています。

ところが、司令部が壊滅した六月二三日以降も、抵抗を続けていた兵士たちはいて、戦闘は断続的に続いていたということが明らかになってきました。

嘉手納《かでな》のほうで戦闘終結の最後の調印が行われたのは、九月七日だったということなどが判明し、最近は、沖縄で本当に戦争が終わった日として、九月七日を見直そうという動きも起きています。

では広大なエリアに広がっていた外地の日本軍はどうだったのか。

終戦が決定し、大本営が陸海軍全軍に即時戦闘停止の指令を出したのは八月一六日ですが、日本軍全体に終戦を周知させるには時間がかかりました。

満蒙一帯では、ソ連が八月一〇日から侵攻してきていました。停戦になったのは八月一八日です。

タイで日本軍が武装解除して降伏したのは八月一六日、フィリピンでは八月一七日。太平洋諸島のトラック、パラオでは九月二日、ニューギニア、ウェークでは九月三日、ラバウルでは九月六日、ブーゲンビルでは九月八日です。

当時、外地にいた日本兵は、陸軍約二四七万人、海軍約三三万人、これだけの人たちが復員するのは、それこそ数年がかりでした。

中には、停戦をずっと知らないまま、グアムの密林で二八年間過ごした横井庄一《よこいしょういち》さんや、フィリピンのルバング島で三〇年間過ごした小野田寛郎《おのだひろお》さんのように、潜伏し続けた人もいたわけです。

このように考えてみると、内地で玉音放送を聞いた人はともかく、現実的に戦争の真っただ中にいた人たちにとって、昭和二〇（一九四五）年八月一五日はとても終戦の日などとは言えないものだったのではないか。

日本が戦争から本当に脱したと言えるのは、日米安全保障条約が調印された昭和二六（一九五一）年九月八日だ、いや実際にこの条約が発効になった翌二七年四月二八日だと捉える人もいるでしょう。

さらに言うならば、沖縄は終戦後、日本から分離され、長くアメリカの統治下に置かれていました。二七年間にわたって「アメリカ世」が続いたのです。ですから、沖縄の人たちにとっては、昭和四七（一九七二）年五月一五日の「本土復帰の日」が終戦だという気持ちだったかもしれない。

基地問題はいまだに沖縄の抱える大きな課題です。そういう意味では、今なおあの戦争は完全に終わったとは言いきれない、と感じている人たちもいるはずです。

つくられていく記念日、敗戦でも終戦でもなく「平和を祈念する日」

終戦記念日というものを特定することが、いかに難しく、同時にいかに意味のないことであるかがわかってもらえたでしょうか。

では、最初の問いに戻りましょう。日本の終戦記念日はなぜ八月一五日なのかという問題です。

終戦直後、連合国軍の占領下にあったころの新聞を見ると、九月二日を「降伏の日」とか「敗戦記念日」と書いています。このころは「敗戦」を「終戦」とごまかしてもいませんでしたし、八月一五日を特別視する考え方はまだなかったのです。

昭和二七（一九五二）年四月二八日に講和条約が発効になった折り、日本が再び独立したことにちなみ、時の政府、吉田茂《よしだしげる》内閣の主催によって「全国戦没者追悼式」が新宿御苑《しんじゅくぎょえん》で行われました。五月二日、平和条約記念式典の前日でした。

昭和三四（一九五九）年、千鳥ヶ淵《ちどりがふち》戦没者墓苑《ぼえん》が完成した際に、その竣工式《しゅんこうしき》と併せて厚生省主催で追悼式が行われました。これは三月二八日のことです。

大きな変化があったのは、戦後一八年の昭和三八（一九六三）年です。この年、今後毎年八月一五日に、政府主催で「全国戦没者追悼式」を行うことが閣議決定されるのです。池田勇人《いけだはやと》内閣のときでした。

それまでにも民間で行われている追悼行事はいろいろありましたが、国家が主体となって八月一五日に追悼イベントをやるということが、このときに初めて打ち出されたわけです。

昭和三八年は日比谷《ひびや》公会堂で、翌三九年は靖国《やすくに》神社で、四〇年には日本武道館で開催されました。そしてこれ以降、八月一五日に、日本武道館で、天皇・皇后列席のもとに行われる恒例行事となりました。

これがなぜ八月一五日になったのかの理由ははっきり説明されていませんが、おそらく最大の理由は玉音放送があった日だということでしょう。天皇が生の声で初めて国民に向かって語りかけた日だったことが、新憲法のもとでの〝象徴天皇〟を表すのに恰好《かっこう》な材料であったこと。しかも旧盆にあたり、死者の魂を供養する日本的な風習に合致していることなどがあったのだと思われます。

国民が受け入れやすい日を設定することで、九月二日という降伏の日、敗北を認めることになった日の記憶を薄れさせることができる。国民の敗戦の記憶を上書きするために、八月一五日という日が選ばれたのだと思います。

さらに時代が下って昭和五七（一九八二）年に、八月一五日を「戦没者を追悼し平和を祈念する日」とすることが決められました。鈴木善幸《すずきぜんこう》内閣のときのことです。

このときに事実上、八月一五日が終戦記念日と見なされるようになったのですが、公的には、八月一五日は終戦の日でも敗戦の日でもなく、戦没者の追悼と平和祈念の日ということにされたのです。

この「戦没者を追悼し平和を祈念する日」という表現が、政府広報などで広められていきます。かつて占領軍を進駐軍と呼び、敗戦を終戦という言葉にすりかえてきた国は、ついに「終戦」という言葉すらも使わずに、追悼と平和という耳ざわりのいい言葉を用いるようになったのです。

負の歴史を覆い隠してはいけない

私は、戦没者追悼の行事をやることが悪いと言っているのではありません。戦争で亡くなった人を悼むことも、平和について考えることも大切です。問題なのは、戦没者の追悼や平和祈念という誰もが異を唱えられない大義名分を掲げて、「敗戦という記憶」をすりかえていくやり方にあります。敗戦、降伏といった負の記憶を、日本の政治家や官僚たちはなるたけ消してしまおう、消してしまおうとしてきました。

そうではなくて、悪しき記憶こそ残していかなくてはならない。再び誤った道にはまり込んでしまわないようにするために、戒めにするために、負の歴史こそ、きちんと残していかなくてはなりません。

そういう意味では、九月二日は日本が全面降伏文書に調印した日として、日本人の記憶にとどめておかなくてはならない日です。

あるいは、満州事変を始めた九月一八日や、太平洋戦争を始めた一二月八日を、愚かな戦争を起こし、多くの人を死に至らしめるきっかけになった日として、記憶に残しておくべきです。

中国には、外国から屈辱的な行為を受けた事件のあった日を忘れないようにする「国恥日」「国恥記念日」というのがあります。

前に九・一八の話をしましたが、九・一八はそんな国恥日の一つ。対日関係における国恥日とされてきた日が、中国にはほかにもけっこうあるのです。

五月九日：

日清戦争後、一九一五年に日本から出された対華二十一箇条要求を受諾した日

七月七日：

一九三七年に盧溝橋で日中の衝突が発生し、日中戦争の発端となった日

九月一八日：

一九三一年に満州事変が勃発《ぼっぱつ》するきっかけとなった柳条湖事件があった日

一二月一三日：

一九三七年に日本が当時の首都、南京を占領した日。国家哀悼日

韓国にも「国恥記念日」があります。

八月二九日。一九一〇（明治四三）年八月二九日に、日韓併合条約を受け入れ、大韓帝国が日本に併合され、日本の植民地になった日。韓国の人たちにとっては屈辱の日とされています。

日本人の国民感情としてはつらいものがありますが、しかしこうした負の歴史を記憶に残しておくこともまた歴史において必要なことです。

日本人はとりわけ負の記憶を消したがる傾向がありますが、そうやってうやむやにしていくことが、責任をあいまいにしたり、過去の教訓を生かせなかったりする原因でもあります。

もし、八月一五日を敗戦告知の日、九月二日を降伏の日、進駐軍を占領軍、と呼んでいたら、どうなっていたか。これほどまでにアメリカに傾倒する国にはならなかったのではないでしょうか。

「常識」を疑え！　視点をずらしてみよう

日本人は、なんでも素直に信じ込むことを「美徳」のように思うところがありますが、知識、情報というのは、誰かによってある意図のもとに提供されるものです。それがいかにして提示されているかということに、もっと思いをいたすべきなのです。

疑うことを知らない善人であってはいけない。それは、まただまされる国民になるということです。

「終戦の日？　そんなの八月一五日に決まっている」と短絡的に信じ込んでいてはいけません。疑問を持って考えてみる姿勢が必要です。疑ってかからないといけない。

「終戦記念日はなぜ八月一五日なのか？」

「なぜ九月二日ではないのか？」

「なぜ政府は『戦没者を追悼し平和を祈念する日』という表現をするのか？」

視点をずらして疑問を持つことが、無防備にだまされていく姿勢に歯止めをかける力になります。

戦没者を悼み、平和を祈念することと、「八月一五日は何の日なのか？」と疑問を持つことは矛盾することではありません。多面的に知ることで、より理解が深まるのです。

異なる視点から考えてみることは、立場の違いに目を見開かせることになります。

日本が韓国を植民地にした日は、韓国にとっては国恥記念日なのです。日本の敗戦の日は、韓国では「光復節」なのです。

どちらから見た歴史が正しいかという二者択一論、白か黒かではなく、相手の立場からするとどうなのかということも知ったうえで、客観的に考えられるようになることが重要なのです。

たとえば、領有権問題で話題になる「竹島《たけしま》」は、あくまでも日本の呼び名です。韓国からすれば「独島《ドクト》」、でも中立的立場の第三国からは「リアンクール岩礁」と呼ばれています。竹島と呼ぶ視点、独島と呼ぶ視点、そしてリアンクール岩礁と呼ぶ視点を持つことができたら、短絡的な「嫌韓」発想に踊らされなくなります。

李氏朝鮮の王妃を日本人が暗殺した乙未《いつみ》事変のことを、私たち日本人は閔妃《びんひ》暗殺事件などと呼んでいます。しかしこの「閔妃」という呼称も日本的なもので、韓国では明成皇后《ミョンソンファンフ》と呼びます。韓国で「閔妃」というと、わかっていないやつだなと思われてしまう。それだけで歴史認識が問われます。

「恩賜的民権」と「回復的民権」

中江兆民《なかえちょうみん》が『三酔人経綸問答』（岩波文庫）の中で、「恩賜的民権」と「回復的民権」ということを言っています。

恩賜的民権というのは上から与えるもの、回復的民権というのは、下から勝ち取ったもの。日本人はつねに恩賜的民権の中にいました。

明治維新が若い志士たちの情熱によって起きたといっても、結局は上に仰ぐ存在を将軍から天皇に替えることになっただけです。

日本は、内側から熱いエネルギーが湧き起こって革命が起き、社会が変わったという歴史を持たない国です。

これは戦争が終結し、民主化の時代へと移り変わっていくときも同じなのです。終戦によって軍国主義社会が幕を下ろし、革命が起きたかのように新しい民主主義の時代が始まったわけではありません。戦争に負けたという結果のもとに、変わることを余儀なくされた国なのです。

八月一五日を終戦という一つの区切り、節目として、「ここから戦後です、日本は生まれ変わりました」とスパッと線を引いて分けられるようなものではなく、戦前・戦中・戦後というのは、ずっと地続きなのです。

日本国憲法によって、戦後日本の主権は国民になりましたが、日本人は民権をどこかで恩賜的なもののような感じで受けとめているのではないか。日本に「市民」という言葉が根づきにくい理由も、そのあたりにあるのではないかと思います。回復的民権というものを獲得する意識を持たないと、本当の主権者とはなり得ないのです。

第七章　戦後を牽引したニッポンの会社の裏側

サラリーマンはなぜ「社畜」化したのか

占領政策は民主化への一本道ではなかった

本章からは戦後の話をしていきたいと思います。

「連合国による占領」を名分としながらも、実質的にはアメリカによる日本占領が行われたのは、日本が敗戦を認めた昭和二〇（一九四五）年九月から、対日平和条約・日米安全保障条約が発効になる昭和二七（一九五二）四月までの、六年八か月です。

総司令官マッカーサーによる占領政策は、日本の軍国主義の根を断ち切り、再びこのような脅威を起こさないように、政治・経済・社会・文化各方面から日本を改造していこうとするものでした。

日本国憲法の制定をはじめとする政治改革、財閥解体、農地改革、労働改革、教育改革などが、ＧＨＱ主導によってスタートします。

アメリカ型民主主義に重点を置いた構造改革が唱えられ、日本は民主的な社会へと新しいスタートを切った、生まれ変わったという捉《とら》え方もあります。しかし実際には、決してそうとは言えなかったのです。

大きく変わった面もたしかに多々ありました。ですが、変わらなかったところもまたあった。当初は変わるかと思われたけれども、揺り戻されてしまったところもあったのです。

もともとアメリカの狙いは、「民主化」を掲げながら日本を徹底的に弱体化させることにありました。そこで、初めのうちは軍備解除、財閥解体、公職追放などを強行していきます。

ところが、途中から方向性が変わるのです。

理由は、世界情勢の変化にありました。共産勢力の拡大により、米ソ間は冷戦状態に突入します。そこでアメリカは、日本を弱体化させるよりも、むしろ資本主義国家、西側陣営の国として、共産勢力を抑えるために利用していこうという考え方にシフトするのです。

その姿勢は昭和二三（一九四八）年ごろからはっきりしていきます。

たとえば、賠償の軽減。当初は、戦争被害への賠償として、日本の工場等をアジア諸国に移す計画が立てられていましたが、その計画は大幅に縮小されました。企業分割の候補財閥解体、企業分割も、当初は厳しい対応が予想されていました。企業分割の候補に指定された会社は三二五社ありましたが、結局、過度経済力集中排除法の適用対象になったのは一一社のみ。経済力の寡占状態を解消するはずだった企業分割策は、骨抜きのまま終わりました。

戦争に加担していたとして公職追放になっていた人たちに対しては追放解除が行われ、地方の議員や自治体長や企業の幹部といった人たちが、再び公の場で活動できるようになりました。

一方、思想弾圧の撤廃を謳《うた》っていた姿勢は一転、レッド・パージが行われます。労働組合の結成と奨励は、マッカーサーが最初に提示した五大改革指令の一つでしたが、これにしても、労働運動の中心となっていた公務員などに厳しい規制が行われるようになります。横須賀《よこすか》事件、教員パージ、行政整理、そして共産党員追放、いわゆる「アカ狩り」が行われるようになるのです。

GHQの占領が始まったころとはすべての流れが逆行したため、これらの動きは「逆コース」などとも呼ばれました。

当初の計画どおりに断行されていれば、日本はもっと違うかたちの発展をしたのかもしれませんが、実際はなしくずしにされていった。軍人が牛耳る帝国主義そのものは潰《つぶ》されましたが、いわゆる旧権力というものが解体されることにはならなかった。そうした中で、日本はよくも悪くも資本主義国家として経済復興を遂げていくことになるわけです。

その結果、ファシズム体制という帝国の負の遺産は、経済再生のために突き進む企業社会に受け継がれたのです。

そして「内面指導」は残った

日本人が組織や集団をどのように操ってきたか。そのカギを握るのが「内面指導」という言葉です。

ものの考え方や行動など内面的なところにまで干渉し、「善導する」という姿勢のもとに、指導、統制体制を高めていく方法です。全体主義というのはその傾向が強く、ナチスドイツなどもそうだったわけです。

軍部は、よその国を侵略するのにも、自国の国民たちをだまして戦争に巻き込んでいくのにも、内面指導をしていました。

象徴的な例が満州です。理想の独立国家を建設するという名目で多くの人々を惹《ひ》きつけ、実際には日本が植民地として支配する。傀儡《かいらい》政権と言われたように、名目だけの独立国にして、実際には事細かく口を出して統治統括していく。しかもただ軍事的に支配するのではなく、皇民化教育によって、思想、信仰、文化すべてを塗り替えようとしました。

戦時中、日本はアジアのほかの国々に対しても、同じようなやり方をしていきます。

アジア各国の指導者を集めて、日本が「大東亜会議」を開いた当時のことを書いた深田《ふかだ》祐介《ゆうすけ》さんの『黎明の世紀――大東亜会議とその主役たち』（文春文庫）という本があります。

日本は、一致団結して欧米に立ち向かい、共にアジアの解放を目指しましょう、と呼びかけ、あたかも独立を保障するかのように言いながら、軍政指導をするのみならず、顧問団を大量に送り込んで、各地で皇民化教育をやって支配を強化していく。そして、「大日本帝国万歳！」と言わせ、天照大神を拝ませていた。

フィリピンのラウレルやビルマ（ミャンマー）のバー・モウらは、それに猛烈に反発しました。それが相手にとってどれだけプライドを傷つけられることか、反感を抱くことか、東条英機をはじめとする軍部の指導者たちには理解できなかったのです。

その本が出た後に対談をしたとき、深田さんが「内面指導は日本人を解く大きな鍵《かぎ》ですね。とにかく日本人は内面指導が好きなんですよ」と言っていたのが印象深く思い出されます。

特攻隊というのも、内面指導の最たるものです。子どもたちに、天皇の命令一つで命を捧《ささ》げることこそが忠義だと教え込む。そして軍隊に入れられた若者たちは、訓練だ、鍛錬だと言われて上官から殴られたり罵倒《ばとう》されたりして、個としての心も、考える力もなくして、消耗品のように若い命を散らしていくことを強要された。それが特攻隊員です。

GHQは、日本のこうした内面指導を危険思想として、排除しようとしました。

忠君愛国の精神的支柱となっていた「教育勅語」が廃止され、「修身」の授業も廃止されます。皇国史観を植え付けた日本の歴史や地理の授業も廃止されて、新たな社会科教育をするようにし、また、教科書内容のチェックのために検定制度が設けられました。

戦後の学校教育の中からは、内面指導につながるようなことは徹底的に排除されていったのですが、しかし内面指導という習慣は日本に残ってしまった。

どこに残ったかというと、経済復興と再成長を成し得ていく要《かなめ》となった会社組織の中に残ったのです。

私は、そのことが結果的に、日本の企業社会に本当の民主化が浸透しきらなかった理由の一つであり、社員の〝社畜化〟〝ドレイ化〟につながってしまったのだと考えています。

日本のサラリーマンは「企業戦士」などと呼ばれて滅私奉公をするようになりますが、学校教育では施されなくても、会社に入ってから内面指導を受けて、そう仕向けられていったわけです。

社会教育団体「修養団」の謎

企業の社員教育に大きな影響を与えてきた「修養団《しゅうようだん》」という教化団体があります。明治三九（一九〇六）年に蓮沼門三《はすぬまもんぞう》が始めました。

蓮沼門三は会津の出身で、東京府師範学校（今の東京学芸大学）在学時代に修養団を旗揚げします。きっかけは、学寮があまりに汚いので一人で清掃活動を始め、その精神に啓発されて同志が集まったものだといいます。

「愛なき社会は暗黒なり　汗なき社会は堕落《だらく》なり」を信条として勤倹や自己鍛錬を説き、「愛と汗」の実践の中で自己の向上を目指すという社会教育団体です。

修養団は、渋沢栄一や森村市左衛門《もりむらいちざえもん》など財界から援助を受け、田尻稲次郎《たじりいなじろう》（東京市長、会計検査院長を歴任）や平沼騏一郎（検事総長、枢密院議長、首相を歴任）など政・官の有力者の支持を得ました。

平沼は、自ら第二代団長となって後援会の設立を発起、後援会には大企業の幹部たちが名を連ねるようになり、修養団は社会教育活動の中核的存在になっていきます。清掃・美化活動を奨励する団体や企業が今もけっこうありますが、その草分けは修養団なのです。また、日本で初めてキャンプなどの野外活動を青少年教育に取り入れたのは修養団だったとか、ラジオ体操のもとになったのは修養団で行われていた体操だったとも言われています。大正時代に伸張して各地に支部も増え、昭和五（一九三〇）年の時点で団員が六〇万人を超えていたと記している資料もあります。

敗戦後、啓蒙《けいもう》性の高い思想教育団体は、GHQの指令によって軒並み解散させられました。ところが、修養団は解散を免れます。こうした団体で存続が許されたのは、修養団と二宮尊徳《にのみやそんとく》を仰ぐ二宮尊徳報徳《ほうとく》会くらいでした。

どうして存続できたのか。直接的に軍国主義との関わりはなく、個人的な修養のための団体だからということで生き残ったのでしょうが、天皇制が象徴天皇制として存続を許されたこととも無縁ではないでしょう。有力な政治家や実業家が陰で動いたことも充分に想像されます。

修養団は、戦後も多くの企業からバックアップを受けてきました。それをよく表しているのが、歴代の後援会長です。

初代　渋沢栄一（第一銀行頭取）
二代　小倉正恆《おぐらまさつね》（元住友財閥総理事）
三代　倉田《くらた》主税《ちから》（日立製作所会長）
四代　中安閑一《なかやすかんいち》（宇部興産社長）
五代　駒井《こまい》健一郎《けんいちろう》（日立製作所相談役）
六代　大槻《おおつき》文平《ぶんぺい》（日本経営者団体連盟会長）
七代　草場《くさば》敏郎《としろう》（さくら銀行相談役）
八代　藤村正哉《ふじむらまさや》（三菱マテリアル株式会社名誉顧問）

著名財界人がズラリと並んでいます。

このほか、松下幸之《まつしたこうの》助《すけ》、土《ど》光敏夫《こうとしお》、安岡正篤《やすおかまさひろ》といった人たちも顧問を務めています。当然、これらの人たちが関係している会社では、修養団の活動を支援し、研修などを励行しているということです。三井、住友、三菱、日立、松下、宇部興産……、そしてその系列会社を中心に、いわば企業御用達《ごようたし》の人材教育機関のような存在になっているのです。

一体どんな指導教育をしていたのか？

象徴的なのが、「みそぎ研修」です。

今も行われている「みそぎ研修」

私が修養団の存在を知ったのは一九八〇年代、企業の新入社員研修を取材しているときでした。

修養団の本部は東京・千駄ヶ谷《せんだがや》にあるのですが、伊勢《いせ》に道場があり、新入社員はそこに送り込まれます。清掃をしたり、静座をしたり、講話を聴いたりするのですが、中でも眼目になっているのが「みそぎ」です。

「みそぎ」とは、罪やけがれをはらうために、川などの水を浴びて身を清めることで、神道で重んじられているものです。

修養団のみそぎとは、伊勢において神聖な川と言われている五十鈴川《いすずがわ》に入る水行です。夜、真っ暗な中、それも夏の暑い盛りではなく身のふるえるような季節に、白鉢巻とふんどし一丁の恰好《かっこう》で、五十鈴川に肩まで浸《つ》かります。手を合わせて明治天皇の御製「五十鈴川　清き流れの末汲《く》みて　心を洗え　秋津島人《あきつしまびと》」を三回唱え、その後しばし瞑想《めいそう》するのです。

こうしてみそぎを済ませた翌日、伊勢神宮に参拝して、心身共に新たに引き締め直すのだといいます。

受講者はこれを体験して「非日常的な空間の中で、精神に活を入れられたようでシャキッとしました」とか、「心が洗われるような思いがして、感動して涙が出ました」などと言うのです。

私が修養団の講師から聞かされたのは、「この研修の目的は、こざかしい理屈を捨て、バカになって物事に挑むきっかけをつかませること」という言葉でした。

その講師はこうも言いました。

「日本を弱体化するGHQの占領政策によって、家庭と学校が破壊されたが、それを支えたのは企業だ。企業内教育によってようやく秩序が保たれたのだ」

要するに、会社のためなら何でもできるという精神を植え付けるための研修なのです。

高度経済成長期の遺物だと思ったら大間違いで、この研修は企業のあり方、企業文化が大きく変わった今も脈々と行われています。

修養団では「みがく講習会」という名称になっており、昭和三八（一九六三）年から数えて千数百回実施されてきている名物的な研修です。今は女性もかなり参加していて、女性の場合、川に入る水行は白装束の薄物をまとった姿でやるそうです。

厳しい修養経験のない現代人にとって、確かに非日常的な刺激と鮮烈さがあり、目を見開かされるような気がするのかもしれません。とはいえ、根本的にこれは内面指導であり、組織の一員として、バカになれ、自分の頭で考えるな、という〝修行〟なのです。

学校で「修身」を教えなくなっても、学校という枠の外で、企業教育で修養を説く組織は残った。会社に入るとそういうところへ研修に行かされて、教化される習慣が残った。

ファシズム的内面指導は、こうして会社、企業社会を舞台にして繰り広げられるようになったのです。

日本企業は終身雇用を旨としてきましたが、それはまた〝修身〟雇用でもあったわけです。

清潔主義は行きすぎると危険

修養団というのは、蓮沼門三が清掃活動をきっかけに始めたというだけあって、清掃活動に軸を置いた団体です。

私は皮肉をこめて「きれいきれい運動」などと言っていますが、清掃美化活動が集団に対して徹底強化されるようになっていくと、危険なのです。

掃除をするというのは善行だと考えられていますから、反論できません。文句が言えない。けれども、組織ぐるみで「きれいにしよう、きれいにしよう」という活動に集中していってしまうと、それは「ゴミがあってはならない」「目障りなゴミがあったら、すぐに排除しなくてはならない」となる。異物排除につながる。もっと言えば、その集団に馴染《なじ》まない考え方や行動は、異端として、つまりゴミとして排除すべきだ、となっていきます。そして「こうでなければならない」という一面化を要求し、個々の思考の自由を奪い、すべて一色にまとめていく思想につながるのです。

そういう清潔主義が昂《こう》じてしまったのが、ナチスの民族浄化という発想です。浄化は単一化につながり、専横的になりやすい。

軍隊というのはだいたいそうなのです。社会の堕落、腐敗の様相が許せないから、武力をもってそれを一掃、クレンジングしなくてはならないという発想ですから。そういう意味で、軍人はクリーンなイメージで世の中に登場するわけです。

では、クリーンな全体主義と、ダーティな民主主義とどちらがいいか？　クリーンなほうがいいじゃないかと思ってしまう人が多いですが、クリーンを売り物にして権力をもってしまったら、手がつけられないことになっていくのです。

何事も「過ぎたるは及ばざるがごとし」で、「きれいきれい運動」に執着のありすぎる企業経営者というのは、社員を自分の思うように染め上げていきたいと考えますから、気をつけなくてはいけません。

生産性の向上、TQC運動と民主化

もう一つ言っておくと、戦後の大きな教訓として、さまざまな思想文化的な活動が大政翼賛会のように一つに集約されていくことへの反省に立って、「自主的な個人の尊重」ということが叫ばれるようになります。思想的な活動についても、自主的なグループ活動が尊重されるべきだという考え方から、小規模な民主化運動というものがいろいろ出てきます。さまざまなサークル活動とかです。

これらは「小集団活動」と名づけられました。それぞれの自主性を重んじて、権力に取り込まれないようにということで生まれてくるのですが、会社はそういう活動をいかにコントロールするか、新たな切り札を用意していました。というより、アメリカから提示されたと言ってもいいでしょう。

経済復興のため、より効率よく生産性を上げていくために、アメリカから生産性本部による生産性向上運動という考え方が入ってきます。これが財界と結びつくのです。経済団体連合会（経団連）、日本経営者団体連盟（日経連）、日本商工会議所（日商）、経済同友会などが、アメリカの資金援助を得て「日米生産性増強委員会（のちに日本生産性協議会と改称）」をつくります。政府もこれに賛同し、昭和三〇（一九五五）年に財団法人として発足しました。

会社組織の中の小集団活動は、自主性の尊重という謳い文句の生産性本部の考え方、品質向上運動、ＱＣ（クオリティコントロール）運動などに吸収されていきます。

効率化や品質向上を目指して、従業員が「自主的」にやっているならば、会社は残業代を払わなくていいわけです。

一方の従業員サイドも、自分たちが自主の精神で知恵を絞り、工夫を凝らして努力することで効率化や品質向上が見られるようになると、企業の経営に自分たちも参画しているような気持ちになります。

ＴＱＣ（トータルクオリティコントロール）運動は「とっても苦しい」の略語だという皮肉もありますが、民主的な運動に欠かせない「自主性」というものが、いわば会社に囲い込まれていく。

生産性本部による生産性向上運動というのが、そのためにすごく大事な役割を果たすのです。ついには労働組合も巻き込み、生産性が向上すれば、より多く賃金がもらえるということで、組合も積極的にそれに協力することになります。

なぜサラリーマンは「社畜」になってしまうのか

会社に飼い馴らされ、会社から離れては生きていけないようなサラリーマンを、私は「社畜」と呼んで、警鐘を鳴らしてきました。

そもそもこの言葉を最初に使いはじめたのは、スーパーのサミットの社長、会長を務めた荒井伸也《あらいしんや》さんでした。一九八〇年代後半ごろだったと思います。

荒井さんは、東大を出て、住友商事に入社しました。

学生時代には「革命だ」「階級闘争だ」と叫んでいた人たちが、ごく一部の例外を除いて、会社に飼い馴らされてしまった。思想、信念などすべてをかなぐり捨てて、会社のために奉仕する「社畜」になってしまったというのです。

そういえば住友商事も社員に「みそぎ研修」を励行させる企業の一つでしたが、そういう影響もあったのかもしれません。

荒井さんは、経営の傾いていたスーパーの再建を命じられてサミットに出向になるのですが、その後、会社から戻ってこいと再三言われても、自分は会社の言いなりにはならないと、スーパーという小売業界を自分の仕事にする信念を貫いていきます。

そして、安土敏《あづちさとし》というペンネームで小説を書くようになりました。

私は荒井さんから「社畜」という言葉を聞いて、これほど日本のサラリーマンの実態を表している表現はないと感心し、以来、この言葉を広めてきたのです。ですから産みの親は私ではないのです。

よく、サラリーマンを見くびっている、バカにしているなどと非難されたりもしましたが、私はなにもすべてのサラリーマンが社畜だと言ってきたわけではありません。

日本の会社が終身雇用制で、ほとんどの人が、入社した会社でずっと働き続けて仕事人生を終える時代でした。そのことがいけないわけではないのです。会社にい続けるために、自分の意思、自分の信念といったものを投げ出し、そこに何の疑問も持たなくなることが問題だと言ったのです。

会社という枠に押し込められていることに疑問を抱かず、会社の中での人事、昇進、うわさ話ばかりを気にし、給料や社宅という〝エサ〟を会社から与えられ、その世界だけで生きている社員、会社を離れたらもう生きていけなくなってしまう社員に、自戒の念を持ってほしいという気持ちで「社畜になるな」と言ってきたのです。

社畜化したサラリーマンは、他の人を社畜化したがるのです。なぜなら、会社という枠に埋没しないで生きる同僚がいたのでは、自分の行動が正当化できないからです。異なる見解を持つ人を浄化し、内面指導しようとするわけです。

つまり、草の根ファシズムが根づく。

会社はそういう社員ばかりのほうがやりやすかった。

大日本帝国という軍人国家が解体されて、民主主義の世の中になっても、ファシズムは宿り木を会社に替えて残ってしまった。国家に代わって企業が、個人の「私」の領域を侵すようになったのです。

「会社は憲法の番外地です。憲法の価値を享受したいなら、午後五時以降に会社の外で享受してください」

こんなことをぬけぬけと言った社長もいました。
日本の民主化への歩みを阻止し、足踏みさせたのは会社だったのです。

社宅に選挙、社員を縛る仕組み

日経ビジネス編『良い会社』(新潮文庫)という本があります。この中に「良い会社度を測る一〇項目」・というのが掲げられており、これを見ると、日本の会社の実像が浮かび上がってきます。

1 時間外労働には対価が支払われる
2 大切な休みを社用でつぶさない
3 プロとして通用する能力が開発できる
4 社員の希望をかなえ、納得ずくで仕事をさせる
5 社内での自分の実績がわかる
6 市民として積極的な参加を奨励する
7 どんな会社を目ざすのかが明確
8 上司への全人格的従属をせずに済む
9 社員を人間として尊重する

10　自由闊達《かったつ》な社内コミュニケーション

これが「良い会社」の条件だという。どれもこの民主社会の世の中では「できて当たり前」だと私は思うのですが、その当たり前ができないのが日本企業だったわけです。

実際、会社の内面指導は、研修やセミナーだけでなく、日常さまざまな場面で、さまざまなかたちで行われてきました。今は「サービス残業」という言い方をしますが、残業代の支払われない残業は日常茶飯事。銀行などは軒並みそうです。

休日返上というのは出勤だけではありません。社員の親睦《しんぼく》を深めるという名目で、運動会をやったり、社員旅行に行ったりして、参加を義務づける。

組合はあるものの、組合活動をしようとすると会社からいろいろな圧力をかけられる。

企業ぐるみ選挙と言って、会社で応援する候補者が割り当てられていて、その選挙応援に積極的に参加しなくてはいけない。当然、夫婦ともどもその候補者に投票しなければならない。自由な投票権すら奪われるのです。

社宅というのは、同じ職場で働く人たちを一つところにまとめて、私生活を互いに監視し合っているという意味では、戦時中の隣組と一緒です。

いや、隣組は国に指揮されてつくられたものでしたが、日本の社宅制度というのは、組合が要求したものでした。社会保障が未成熟だったので、代わりに会社に福利厚生としての保障を求めてしまったのです。無理からぬところもあるわけですが、やはりおかしなことだった。生活のすべてを会社に依存する姿勢に、自分たちのほうから入っていくことになってしまったわけです。

バブル崩壊以降、企業は経費削減、福利厚生の見直しをして、社宅の統廃合をする方向にありますが、それでも、上場企業の七割以上が、社有社宅もしくは借り上げ社宅のかたちで社宅を有しているといいます。社員の社宅ニーズが高いからです。

日本の会社ももはや終身雇用ではなくなったとよく言われますが、私は社畜化している社員は今も相当いると思っています。

本当のブラック企業とは

近年、会社の評価として「ブラック企業」という言葉がよく使われるようになりました。

しかし私は、ブラック企業と呼ばれるような会社がにわかに増えたのではなく、日本は昔からブラック企業の温床であったけれども、ブラックであることが世間になかなか公表されなかっただけだと思っています。

三好徹《みよしとおる》の『白昼の迷路』（文春文庫）という経済小説がありました。現実にあった産業スパイ事件を題材にしながら、コンピュータ・メーカーの社員が権力の渦に巻き込まれていくストーリーです。

そのモデルになったのは日立製作所でした。三好さんが日立について書こうとしたきっかけは、日立に入社した友人の息子がノイローゼになって自殺してしまったことでした。

東大で野球部に所属していたという健康で明朗な青年が、入社後に組合の集会に顔を出したことで、会社から独身寮の部屋を家探しされて、いろいろ調べられる。「アカ」になったんじゃないかと非難され、職場の上司からいじめられ、ノイローゼになってしまった。両親は会社を訴えると言ったけれども、おそらく勝ち目はない。その代わり、自分がそういうことが起きる会社の体質を暴き出すと言って、小説にしたのだと聞きました。

もう一つ、日立の社員だった浅川純《あさかわじゅん》が『わが社のつむじ風』（新潮文庫）という小説を書いていますが、こちらは、会社が推す候補者の選挙運動を命じられた中間管理職の苦悩を描いた企業ぐるみ選挙の実態です。

一流企業、上場企業と呼ばれているところにも、必ずダークな一面がある。しかし、小説のかたちにでもしなければ、その問題を告発できない。そういう会社のブラック度合いのほうが深刻なのです。

社員をそうやってがんじがらめに縛りつけようとする会社は、判で押したように「みそぎ研修」をやらせ、バカになって物事に挑む修行をさせているわけです。会社の方針に疑問を持ってはいけない、逆らってはいけない、考えて行動してはいけない、と押しつける。会社というのは、働くことで対価を得る場です。その糧を得る場で、真綿で首を絞めるように冷静な思考力を奪っていくやり口は、ある種、宗教よりもタチが悪い。

社員の不満があれこれ表に出てくる会社のブラック度合いよりも、むしろ内部から声が出てこない会社のほうが、はるかにブラック度が高いと私は見ています。

ドレイ精神からの脱却

戦前の日本の帝国主義が、天皇を仰いだ「大日本帝国教」のような色彩だったというならば、戦後ファシズムは「企業教」のかたちで表出しました。絶大な権力をふるう経営者が「○○天皇」などと呼ばれて、あちこちに跋扈《ばっこ》しています。会社国家ニッポンは〝ミニ天皇〟をたくさん産み出した。

そういう意味で、大日本帝国の天皇から小さく分かれていっただけだと言えます。

これが憲法番外地、治外法権エリアになってしまっているので、体質の転換がなかなかできないわけです。

「自主の主の字を解剖すれば、王の頭にクギを打つ」と、明治時代の自由民権家たちは唄《うた》いました。自分たちのリーダーを選ぶ権利を与えられなければ、どんなに「民主化」されても、それはあくまでもカッコつきの「民主化」でしかない。

私は今から四〇年以上前、『ビジネス・エリートの意識革命』（東京布井出版）という本で、社長を「公選制」にすべきだと書きました。

政治家がダメになった、ダメになったと言うけれど、一応は選挙で選ばれている。なぜ会社は選挙で社長を選ばないのか、と。いやしくも民主社会なら選挙で決めるべきではないかと書いたんです。

そうしたら、特に経営者たちから大変な反発を食らいました。「そんなことをしたら人気投票になる」とか「株式会社がわかっていない」と言う。しかし本当に自分たちの生活がかかっていたら、お気楽気分の人気投票になどならない。

私は同書でこうも書きました。


ドレイとドレイの主人はおなじものだ、という魯迅のするどい警句を引きながら、竹内好氏は、人間の解放は、ドレイがドレイの主人にのしあがることによってではなく、人が人を支配する制度そのものを改革することによってしか実現しない、と述べているが、現在の企業という封建社会、あるいはドレイ社会の改革も、この方向によってしかなしえないであろう。そのためにもまず、ドレイ精神からの脱却が主張されなければならない。

現在の企業という封建社会の中では、上司の命令に黙従する社員になることも、部下に専制権力をふるう社長になることも、同じく「精神のドレイ」になることなのだという視点に立って、ドレイ精神からの脱却を図ることが「企業革命」の出発点であり、また到達点だからである。

企業人がいかに、魯迅の言う「ドレイ精神」に骨がらみになっているか。

それから四〇年以上の年月が過ぎようとしていますが、今も社長の公選は実践されていません。いかに会社における本当の民主化が難しいかということです。

第八章　労働組合は何をしてきたか
なぜか嫌われる理由と本来の意義

労組加入者が減り続けている理由

企業社会の中で敢然と「もの言う力」が育たなかったのは、日本の労働組合の問題もあります。この章では、労働組合の果たしてきた役割、その意義という視点から振り返っていくことにしましょう。

厚生労働省の「労働組合基礎調査」によると、平成二五（二〇一三）年の労働組合員数は九八八万人、雇用者数に占める推定組織率は一七・七パーセントで、非常に少ない。

戦後日本の労働組合というのは、基本的に企業別組合で、「ユニオンショップ制」といって雇用されると自動的に組合に加入することになる仕組みをとっている会社が多い。ということは、管理職になって組合から抜ける人なんかを除いても、もっと加入者がいていいはずなのです。それなのになぜこんなに少ないか？

大きな理由としては、組合加入の権利が正規雇用の人にしかない、つまり正社員だけしか加入できない。けれども、就業形態として非正規雇用（パートタイマー、アルバイト、派遣社員など）がどんどん増えた、ということがあります。

もう一つ、そもそも労働組合のない企業が増えているということも挙げられます。

推定組織率一七・七パーセントというのは単純に雇用者の数と組合員の数から割り出したものであって、実際には労組に入っている人の比率は、企業の規模によって大きく変わります。

従業員一〇〇〇人以上の大企業の場合、だいたい四五パーセントの雇用者が組合に加入しています。ところが、従業員一〇〇人から一〇〇〇人未満の会社では、組合加入者は一三パーセント程度。従業員一〇〇人未満の中小企業の場合は、組合加入者はたった一パーセントなのです。こんなに格差が大きい。

労組に加入していないということは、違法労働に対して抗議しにくい環境にあるということです。

もう一方で、労働環境として組合に入れないというだけでなく、労働組合とはどういうものなのか、それによって働く側がこんなふうに護《まも》られる、ということを知らない人たちがたいへん多くなっているということもあります。

「会社に入ってみたらブラック企業だった」といった話が急増しているのも、会社とはどういうものなのか、組合とはどういうものなのか、働く側の権利はどうすれば護られるのか、といったことを知らずにいる人が増えていることとも関係していると私は思うのです。

過酷な労働状況に置かれたときに、どういうふうにSOSのシグナルを出したらいいか、声を上げたらいいか。そういう自分の身を護るための知識というものもないと、どんどん追い込まれてしまう。

会社の論理にだまされないようにするためには、やっぱり「知る」ことが重要です。今は就職のためにその会社のことを調べるというと、ネットですっとその会社のホームページに入れます。そして簡単にいろいろなことを知ることができます。しかし会社が公表していることでは、会社にとって都合の悪いことはうまく覆い隠されていて、なかなか本当のことは見えてこない。ですから、そういう情報だけ信用していてはダメなのです。

その会社に対する批判的な視点からの意見を聞いたり読んだりすることで、客観的な視点が持てるようになる。

そういうことで言うと、企業の組合活動の状況についての情報などをチェックすることは、その会社の経営姿勢を冷静に見つめる材料になり、だまされないようにするために有効です。

私は就職、転職しようとしている若い世代の人たちに、もっと労組、ユニオンというものへの関心を深めてほしいと強く願っています。

労働組合の勃興期とレッド・パージ

権力に対抗するのに、個の力では潰《つぶ》されてしまいます。そのために、組織で立ち向かおうとするのが労働組合の趣旨です。

日本では、明治期に労働組合のようなものができています。製鉄所、鉱山、造船所などで大規模な労働争議が起きたときに、経営側の資本主義に対抗する思想として労働者と結びついたのが共産主義思想です。

労使問題の根幹に「経営陣＝資本主義」対「労働者＝共産主義」という対立の構図があります。そして共産主義への弾圧が強化されると、労働運動も抑圧を余儀なくされるということになったわけです。

明治から大正、昭和初期にかけて組合活動はかなり盛り上がりましたが、満州事変以降、共産主義への弾圧は激しくなり、戦時中は労働組合的な組織は完全に消滅してしまいました。

戦後、ＧＨＱの掲げた民主化政策の柱の一つに、労働改革がありました。昭和二〇（一九四五）年、さっそく労働組合法ができて、労働組合の結成が奨励され、団結権、団体交渉権などが保障されます。

ところが、前に話したようにＧＨＱの占領政策は方向転換をしてしまった。公務員の争議権が奪われ、公務員は労働組合法の対象から外されます。また、不当労働行為の禁止が緩和されたり、労働組合の団体交渉の権利は認めるけれども政治的・社会的な活動は認めないなど、政府が組合への干渉を強めるようになります。

そして昭和二五（一九五〇）年、レッド・パージが始まりました。共産主義者やその同調者が、公職や民間企業から次々と追放されたのです。昭和二一年ごろから行われつつあったのですが、昭和二五年のパージはもっとも本格的で、新聞・放送・通信機関から始まって官公庁へ、民間企業へと拡大し、一万数千人が職場を追われました。吉田茂内閣のときのことです。

このレッド・パージが、その後の労働運動に与えた打撃はたいへん大きなものでした。「組合活動なんかすると危険だ。職場にいられなくなる。警察に捕まる」という歪《ゆが》んだ意識が人々に植えつけられてしまったのです。

もう一つ言うと、日本の労働組合の特徴として、一つの会社およびそのグループ企業が一つの組合を形成する「企業別労働組合」が圧倒的に多いということが挙げられます。欧米の先進諸国の労組というのが、職種ごとに分かれた職業別の組合から産業別の組合へと発展していくのとは違って、日本は職種は関係なく一企業の中で閉じた組合になっていきます。それゆえ、組合が「会社を超えられない体質」になっていかざるを得なかったということがありました。

私の組合体験、日教組に失望した日々

組合活動について、私の個人的経験の話をしましょう。

大学受験のとき、京都大学を志望して「ムネンサイキヲキセ（無念、再起を期せ）」の電報を受け取った私は、慶應義塾大学法学部の学生になりました。

慶應は当時も都会のお坊ちゃんが多い学校でしたから、私のような田舎者、おまけにツムジマガリの人間にはいまひとつ肌が合わないところがあったのです。そこで私は自分の大学の講義もそこそこに、興味のある他の大学の講義を〝もぐり聴講〟していました。

当時、学習院大学で教えていた久野収《くのおさむ》先生、同じく学習院で教えていた小田実《おだまこと》さん、東大で教えていた丸山眞男さんらの講義を受けに行き、私淑していたのです。それがきっかけで久野先生は私の生涯の師となりました。

小田さんや久野先生が中心になっていた「ベトナムに平和を！　市民連合」、略し

て「べ平連」の最初のデモがあったのは昭和四〇（一九六五）年四月でしたが、当時大学三年だった私は、この運動にも参加していました。

このころから教師になることを考えるようになり、卒業した昭和四二（一九六七）年から故郷の山形県に帰って高校の教師を務めるようになりました。

もうバリバリの日教組組合員です。自分自身としては、教師とはどうあるべきかという理念がある。教科書なんかを使って授業をしたくないわけです。それで「ガリ版刷り（謄写版印刷）」のプリントを自分でつくって授業をしていました。

まだコピー機などというものはないころです。ガリ版刷りとは、ロウ引きの薄紙に鉄筆で書いたものを「原紙」にして、ローラーでインクを押しつけると、鉄筆で刻んだところが印刷されるという仕組みです。そのころは、学校の配布物にしても、同人誌などにしても、何かの告知ビラにしても、すべて自分たちでガリ版を切って手書きでせっせとつくっていたのです。

田舎の地域社会というのは閉鎖的で、狭い。当時の生徒の親はみんな自民党を支持している人たちばかりですから、組合活動に熱心な教師などというのは「アカ教師だ」と眉《まゆ》をひそめるわけです。そしてご丁寧にも、県教委に「とんでもないアカ教師がいる」と通報したりする。

建国記念の日反対集会などもやりました。集会といっても、集まるのは事務局のメンバーだけ。ビラ配りをしても、人が集まらない。みなそんなことに関心がない。ビラを一番熱心に読んでいるのは、私たちが不穏な動きをしていないかと目を光らせている警察だった。

文部省の指導要領伝達講習会（伝講）というのがあったのですが、私はその研修会への出席も拒否しました。文部省の方針に黙って従うなんていうのは、組合員としてあってはならないと思っていたからです。

庄内《しょうない》農業高校に三年、そのあと酒田《さかた》工業高校に二年半、つごう五年半にわたって教師生活をしていましたが、どんどん日教組に失望していきました。どういうことかというと、みな一応は問題視するものの、行動しないからです。教科書の拒否とか、伝講の拒否といったかたちで運動をやる人たちは、ごく一部の人だけだったのです。

では組合は何をしていたか。活動の中心は「賃上げ交渉」でした。

「教育とはどうあるべきなのか」という肝心な教育闘争をしないで、賃上げ交渉ばかりしている組織のあり方に私は強い憤りを感じるようになっていきました。教育闘争もしない組合の中で、国のいいなりになって反動教育を進めていく、そんな中に身を置いているのが我慢ならなくなったのです。

昭和四七（一九七二）年夏、一学期が終わったところで、私は教師を辞めました。

そのときに私が何を考えていたかは、『昭和こころうた』（角川ソフィア文庫）の「文士・高見順《たかみじゅん》」の項に書きました。

当時すでに結婚して子どももいたのですが、組合運動にかまけていたため家庭もうまくいかなくなった私は、仕事も家庭もなげうって故郷を逃げ出し、再上京しました。

田舎の人たちは、何か運動をやっているだけで「アカ」だ、危険思想だと思ってしまいます。たとえば、私を小さいころからよく知っている幼なじみのお母さんは、私のことを、「マコちゃんは昔はあんなに優等生だったのに、なんでまた東京に行って赤軍になんか入ったのか」と言っていたそうです。残念ながら私は「赤軍派には入っていないよ」と弁明する機会がないまま、そのお母さんは亡くなってしまいました。

組合運動も共産主義過激派も違いがよくわからない。そのくらい知らないんです。「国家や政府、権力に盾突く思想はけしからんものだ」ということだけが刷り込まれてしまっていて、その思想が実際のところどういうものかということは一般の人たちにはまったくわからない。

いくら「世の中をよくしていきたい」という熱い思いがあっても、運動というかたちで声を上げているのでは普通に市民生活をしている人たちには届かない。もっと届く声の上げ方をするにはどうしたらいいのか。私がメディアの力というものを意識するようになったのは、組合活動を通じて挫折《ざせつ》感を味わったことが影響しています。

いま、日教組はほとんど思想闘争はしていないのに、保守派からは過激なことをやっていると見られている。それは過大評価なのではないでしょうか。

春闘がもたらした意味

個々の労働組合を束ねる中央組織のことを「ナショナル・センター」と言います。核とする思想が共産党系なのか、非共産なのか、どういう理念を掲げて何を目指しているのか、それによって活動方針も異なります。分裂したり、統合したり、解散したり、改組したり、しょっちゅう離合集散しているわけです。

やがて、四つの主だった団体連合ができ上がって、「労働四団体」時代が到来します。

・総評（日本労働組合総評議会、昭和二五年結成）
・同盟（全日本労働総同盟、昭和三九年結成）
・中立労連（中立労働組合連絡会議、昭和三一年結成）
・新産別（全国産業別労働組合連合、昭和二四年結成）

最も多くの組合が集結し、勢力をもっていたのが総評です。

総評から離れて全労（全日本労働組合会議、昭和二九年結成）ができ、それが変遷を経て同盟になっていきます。総評は官公労組が多く、同盟には民間労組が多いのが特徴でした。政治的には、総評が日本社会党を、同盟が民社党を支持していました。

総評が主導して進めた闘争戦術に「春闘」があります。

それまで、賃上げ闘争というのはそれぞれの組合ごとにばらばらの時期に行われていました。日本の組合は企業別労働組合がほとんどなので、どうしても会社の力のほうが強い。なかなか労組側が納得するような交渉にもっていけなかったのです。

それを、総評がナショナル・センターとして中心になって、春の一定の時期に一斉に交渉を集中させることにしたのです。

特に、一つの産業の中で業績がよく、労働組合の力も強い企業・組織を選択してその妥結額を公表することで、同業種のほかの企業もそれを交渉の目安にできるようにしたため、波及効果も広がりました。

春闘が始まったのは昭和三〇（一九五五）年ごろからですが、やがてこの総評型の春闘方式がどんどん広まり、昭和三九（一九六四）年ごろには完全に日本の賃上げ交渉のスタンダードになりました。

他企業、他産業の賃上げ相場を知って交渉できるようになったというのは、労組にとってはたいへん大きな意味がありました。

このころは高度経済成長の波にも乗っていて、組合活動がたいへん盛り上がって充実していた時期だと言えます。

流れが変わったのは、昭和四六（一九七一）年のドル・ショック、昭和四八年のオイル・ショック、それにつづくインフレ、高度経済成長期の終了です。賃金抑制によるコストダウンや生産性の向上が求められるようになり、春闘の賃上げ率もふるわなくなっていきます。

しかし春闘は日本の労働運動の一制度のようになりました。

ちなみに、労働運動での中心的役割を果たした総評、同盟は、平成元（一九八九）年、連合（日本労働組合総連合会）が結成されると、そこに集約されていきます。全民労協（全日本民間労働組合協議会）を母体に、官公労働組合も加わった連合は、七〇以上の組織、八〇〇万人近い組織員からなる日本で最大規模のナショナル・センターになるのです。

組合が政党と結びついているメリット、デメリット

組合が支持する政党が力を持てば、労働問題もいろいろ解決しやすくなり、労働者の待遇もよくなります。

また、政党側にとっても心強い組織票になります。

しかし、組合の上部団体が政党と結びついていることはいいことばかりとは限りません。

組合が政治に媚《こ》びるようになってはいけないのです。

平成二六（二〇一四）年、連合のメーデーに安倍晋三が出席して演説をしました。メーデーとは、労働者が団結して権利を要求するいわば労働者の祭典です。労働者は、安倍政権が進める雇用・労働規制の緩和に強く反発しています。それなのに、メーデーの集会にその〝主犯〟である首相を呼んで、演説を依頼するというのは、連合幹部に政権に媚びる意識があるからで、どう考えてもおかしな話です。

連合が支援する民主党（当時）は闘わない政党になったということでしょうか。

会社のしがらみを超えられるか

組合にとってもう一つの大きなカベ、それはやはり会社です。

会社が原因となって社会的な問題が発生したときに、組合はどういうスタンスをとるのか。おかしいことはおかしいとはっきり声を上げ、会社を糾弾できるのか。

たとえば、水俣《みなまた》病が発見されて、その原因がチッソ水俣工場から海に排出されていたメチル水銀だったとわかったとき、会社は真実を隠し、責任をなかなか認めようとせず、組合までが抗議する患者・被害者を冷遇し、市民運動が立ち上がるとそれと敵対します。

水俣病の問題が公式に明らかにされたのは、昭和三一（一九五六）年でした。水俣病と環境公害の問題にずっと関わり続けた原田《はらだ》正純《まさずみ》さんは、「最初は社会党も共産党も、自分たちをまったく支持してくれなかった」と言っていましたが、組合の姿勢としても、会社の言い分を静観し、組合は被害者であると言って放置していました。

会社と労組との間で一〇年に及ぶ激しい大争議があり、やがて会社に対抗する第一組合と御用的な第二組合とに分裂します。会社側は、賃金差別や不当配転などの方法で第一組合の社員を切り崩していきます。新たに入る従業員は第一組合に入れないようにするといったこともします。

そうした労使のやりとりの中で、良心的な従業員の人たちは、会社が自分たちに対してやっていることと、水俣病の被害者に対する仕打ちは同じだと気づくわけです。

第一組合側の人たちは自分たちの対応を反省します。そして昭和四三（一九六八）年、公害発生企業の労働者として「何もしなかったことを恥とし、水俣病と闘う」という「恥宣言」を発表、市民運動に参加したり、水俣病訴訟の証人として法廷に立ったり、水俣病の支援にまわるようになるのです。

会社という存在を乗り越え、市民運動と組合運動が結びつくのです。

今、福島で東京電力が直面しているのは、まったく同じ構図の問題です。ウソをウソで塗り固め、誠意のまったく感じられない対応を平然と続ける東京電力。組合もスタンスを同じくしており、原発事故について「東電に不法行為はない」と組合幹部は言っています。それどころか、脱原発を掲げる当時の民主党政権のエネルギー政策をめぐって「裏切った民主党議員には、報いをこうむってもらう」などとも言っていた体たらくです。被災者に寄り添うような発言は、組合側から一つも出てきていません。

こんな取り返しのつかないことが起きてもなお企業の利害にこだわって、会社を護ろう、会社をたてようとし続けるのは、会社を超えられない組合の典型です。

私は「原発の安全性」という大ウソについてだけでも、電力総連（全国電力関連産業労働組合総連合）は「大恥宣言」をすべきだと思っているのですが、はたしてそういう意識があるでしょうか。

つまり「恥知らず」の集団になってしまっているということです。

「人は、無力だから群れるのではない。あべこべに、群れるから無力なのだ」

こう言ったのはルポライターの竹中労《たけなかつとむ》でした。

「群れていたい」「群れていたら安心だ」と思ってその集団によりかかっていることが、無力さを生むのです。

一人ひとりが、ひとりの人間として、一市民として自立できていて、互いに助け合うために群れをつくる——。それが労働組合、ユニオンの望ましい姿勢です。

フリーター労組のキャバクラ争議

作家の雨宮処凛《あまみやかりん》さんは、私たち世代の凝り固まった頭にいろいろ刺激を与えてくれる存在です。弱者の立場に立った活動を幅広くやっている中で、雨宮さんはフリーターのための労組にも関わるようになります。

不安定で何の保障もないフリーター、非正規雇用者が入れるようなユニオンが、今はいろいろできています。これは雨宮処凛的表現によると「インディーズ系労組」というらしいですが、キャバクラで働いている女性が立ち上がったとき、雨宮さんはウェブマガジン「マガジン9」の「雨宮処凛がゆく!」第113回で次のように書いていました。

私はフリーター労組の「争議」に参加した。なんと、みんなで都内某所の営業中のキャバクラに「突入」したのだ!

ことの発端は今年の5月。フリーター労組に一人の女の子からの相談があったことだという。彼女はキャバクラで働いていたものの、店長の酷いセクハラに苦しめられてきた。それだけでなく、その店には様々な問題があった。深夜残業代の未払いや、遅刻や欠勤に対する高額な罰金。なんと当日欠勤で五万円とか、そんな滅茶苦茶法外な罰金がかせられているというのだ。

一〇年前、私もキャバクラで働いていた。そしてその店にも当然のようにキャバクラ独自の「メチャクチャ高額な罰金」システムがあった。それは「遅刻一時間五〇〇〇円」「無断欠勤二万五〇〇〇円」「当日欠勤（カゼひいて休むとか）一万円」というものだった。で、キャバクラで働く女の子の多くは、こういった「罰金」が違法行為だということなど知らない。よって堂々と罰金が給料から引かれ、一緒に働いていた女の子（遅刻、無断欠勤の常習犯ではあった）なんかはなんと給料が「マイナス」になるという転倒まで起きていた。それから一〇年。結局、この一〇年の間、誰もそのシステムを正面切って批判してこなかったからこそ（労組加入という形でなく、個人的に文句を言った子は多いと思われる）、罰金の額は一〇年で五倍にまで跳ね上がっていたのだ。で、フリーター労組のX氏に聞いたところ、この「罰金」というのは、労働基準法によってその上限が決められているのだという。上限は日給の五〇パーセント。月給の一〇パーセント。しかも罰金を取るのであればそのことはちゃんと就業規則に明記しておかなければならず、その就業規則もちゃんと監督署とかに届けておかなくてはいけないという。全国に一体どれほどのキャバクラがあるのか見当もつかないが、私は「就業規則のあるキャバクラ」など見たことも聞いたこともない。そうして今日この瞬間も、全国のキャバクラで違法な罰金取り立てが行われているのである。

さて、こんな違法だらけのキャバクラだが、問題なのは、世間の多くの人が「でも、どうせキャバクラでしょ?」という形でスルーしてしまうことだ。そしてそこで働く多くの女の子たちも、「仕方ない」と諦めてしまう。が、今回、一人の女の子が立ち上がったのだ。

そうして彼女はフリーター労組に加入し、団体交渉を進めてきた。が、店側は誠実な対応をしなかったという。よって、フリーター労組は労働委員会に不当労働行為の救済申し立てをし、その日の夜、団体交渉申入書を携えてみんなでキャバクラに向かったのだ。

この日、会ったこともない女の子の応援のために集まった組合員は三〇人ほど。みんなそれぞれ忙しい中、立ち上がった「誰か」のために駆け付けた。そうして打ち合わせののち、午後九時半過ぎ、私たちは営業中のキャバクラに「突入」!!お客さんとキャバ嬢が盛り上がるきらびやかな店に、突然場違いな貧乏人集団が乱入し、組合の若者が「団体交渉申入書」を読み上げる。騒然とする店内。ビビるセクハラ店長。そして当事者の女の子は突然店の真ん中に走っていったかと思うと、「セクハラするな！」「給料払え！」と大演説をブチかまし始めた。その姿は、異様にカッコよかった。なんだか泣きそうになった。セクハラ加害者の店長がいる前で、そして同僚の女の子やお客さんがいる中で彼女が全身で怒りを表明する姿は何か神々しくて、だけど、どれほど勇気がいることだろう、と思った。

さて、感動ばかりはしていられない。私も店の奥まで入っていってキャバ嬢やお客さんたちにことの経緯が書かれたビラを配る。ちなみにこの日はセクハラ店長の誕生日。フリーター労組のX氏はなんと「バースデーケーキ」を持参。突然店の中でケーキの箱を開けたかと思ったら、ろうそくを立てて火をつける。そして組合員全員で唐突に「ハッピーバースデー」の大合唱！　突然の展開に、店の酔っぱらいたちもワケのわからないまま全員で歌い始める。キャバクラに轟く「ハッピーバースデー」。そうして歌い終えた瞬間、フリーター労組はケーキとともに団体交渉申入書を突きつけ、退散したのだった。

何かここまでくると労働運動でもあり、集団芸術のようでもある。びっくりしただろーなー、セクハラ店長。

それから私たちは近くで「集会」をした（ただ道端で喋っただけ）。当事者の女の子は、なんだかスッキリした顔をしていた。せっかくプレゼントしたケーキは返されてしまったので、組合事務所に戻ってみんなで食べようということになった。

プレカリアート運動にかかわって、私は「人が立ち上がる瞬間」を何度も間近で目撃した。これまで諦めて、泣き寝入りして、時には自分を責めて、そんな人々が自分の権利を知り、法律を知り、そして正当な怒りを表現する。そんな瞬間、いつも鳥肌が立つくらい、感動する。

全国の職場で違法行為をしている経営者の皆さん、あんまり勝手なことやってると、ある日突然貧乏人の集団が押し寄せてくるかもしれないので気をつけよう。ちなみに労働組合の争議はバッチリ合法なのでその辺よろしく。

（「マガジン9」：http://www.magazine9.jp/）

従来の堅苦しい労働争議というイメージとはまるっきり違います。若い世代にとって等身大の、リアルな活動になっている。キャバクラ勤めのこの女の子の置かれている状況は過酷なのですが、じめじめとした重苦しさがなく、むしろ爽快感《そうかい》すら漂います。

私は、これが組合運動の原点なんだよな、という気がしました。

こんなふうに肩の力を抜いて、しかしおかしいことにはきちんと異を唱え、正当な権利を要求するために、助け合う。「自分には関係ない」と思っている人たちに、「そうか、自分たちの力でも変えていけるんだ」と思ってもらえたら、もっとどんどん拡がっていくのです。

こういうスタンスが大事なのではないかと思います。頭でっかちになって、正義正論を振りかざしてばかりいてはダメなのです。

「労働組合？　なにそれ、面倒くさい……」という人が増えているのはたしかです。けれどもこういう若い芽もどんどん育っている。実に頼もしいことです。

垣根を越えた組合運動、市民運動の拡がりには、まだまだ可能性があると思えます。

第九章　社会党はなぜダメになったのか
リベラル勢力の凋落に思うこと

「マドンナ旋風」を巻き起こした土井たか子死す

平成二六（二〇一四）年九月、元社民党党首・土井たか子、「おたかさん」の訃報が伝えられました。

土井さんは昭和三（一九二八）年、神戸《こうべ》生まれ。

同じ年に生まれた人には、池田大作《いけだだいさく》、上田哲《うえだてつ》、渥美清《あつみきよし》、浜田幸一《はまだこういち》、チェ・ゲバラらがいます。

私は、日本社会党の立役者を三人挙げるとしたら、浅沼稲次郎《あさぬまいねじろう》、江田三郎、土井たか子だと思っています。

「マドンナ旋風」を巻き起こして社会党を躍進させ、与野党逆転劇を起こして「山が動いた」という名ゼリフを残した土井さんは、八〇年代から九〇年代の社会党の顔でした。

日本社会党初の女性委員長、女性初の衆議院議長、日本史上初の女性党首など、〝女性初〟という冠を戴《いただ》くことの多かった政治家でもあります。まさにパイオニアであっただけに、その歩みは労多く、歯噛《はが》みをすることの連続だったと思われます。

昭和六一（一九八六）年夏、衆参ダブル選挙の大敗で石橋政嗣《いしばしまさし》委員長が辞任、後任として名前が挙がると、反対する人たちの中から「女を委員長にするほど社会党は落ちぶれていない」という声が出ました。政治家の中にはいまだにそういう時代錯誤的な女性蔑視《べっし》観念を持っている人が少なからずいますが、そういった輩《やから》を御していかなければならなかったわけです。

平成八（一九九六）年に日本社会党から社会民主党へと改称になり、初代党首の村山富市から懇請されて二代目党首を引き受けたときも、分裂、人量脱退でぐちゃぐちゃに掻《か》き回された党の後始末を背負わされたようなものでした。

社会党時代の主な支持基盤であった労働組合の支持・支援を失い、労組出身者を候補に立てられなくなっても、それこそ「やるっきゃない！」の精神を発揮、新たに市民運動出身者を積極的に立候補者に起用するというアイデアを出しました。

実に不屈の人であり、おそらく党内の男たちの誰よりも〝男前〟な人だった。

明るく、気さくで飾らない人柄で人気があったという点では、浅沼稲次郎に通じるものもあったのではないでしょうか。

土井さんは、政治家として、左右のイデオロギーを超えた人物を敬愛していました。一人は、伊東正義《いとうまさよし》。党内一致で自民党総裁に推されたにもかかわらず、「本の表紙だけ替えても、中身が変わらないのではダメだ」といって総理のイスを蹴《け》った人。保守の政治家には珍しく、勲章を拒否した人でもあります。

伊東と土井は、議員会館で同じフロアに部屋があり、エレベーターで一緒になることが時おりあった。土井が社会党委員長になった日、伊東は深紅のバラの花束を持って土井の部屋を訪ね、「これからいろんなことがあるだろうが、挫《くじ》けないでがんばってくださいよ。大変なときの委員長だねぇ」とエールを送ったといいます。

伊東正義追想集で、そんなエピソードを披露しながら、土井さんは「実在する好ましい政治家像をいつも伊東に重ね合わせていた」と語っています。

もう一人も自民党の政治家で、娘に対して「女のくせに」と一度も言ったことがないという石橋湛山《たんざん》でした。本物のリベラリストとして、深く敬意を抱いていたと言っています。

要するに、筋を通す人、自分の損得を考えて動くのではない人、不器用と言われても信念を貫く人を、政治家としてのロールモデルにしていたのです。いかにも土井さんらしい。

こういった政治姿勢から、「ダメなものはダメ！」といった歯切れのいい言葉も出てきたのです。

社会党が二大政党の雄であった時代

平成三〇（二〇一八）年七月現在、社民党（社会民主党）の保有議席数は衆議院二、参議院二議席のみ。

社会党時代最後の選挙の時点では、衆議院七〇、参議院三七議席、また社民党に変わった当初の選挙では、衆議院一五、参議院一三議席だったことを考えると、その凋《ちょう》落《らく》は著しく、もはや末梢政党と言うほかありません。

野党第一党であった社会党がここまで力を失ってしまった原因は何なのか。社会党の経緯を見つめながらたどっていきたいと思います。

日本社会党は、昭和二〇（一九四五）年一一月、戦後最初にできた政党でした。反共の社会主義政党として結成、政治的には民主主義、経済的には社会主義、国際的には平和主義の立場を目指していました。言い換えれば、結成のときからイデオロギー傾向の異なる要素を抱え込んだ結合体だった。内部対立が生じやすいことは目に見えていたのです。

大きな対立は昭和二六（一九五一）年、講和条約の賛否をめぐって左派と右派とに割れます。

しかし昭和三〇（一九五五）年、再び日本社会党として一体化しました。当時の社会党は労働組合に支えられて伸張していましたから、大政党になります。特に総評という巨大なナショナル・センターと密接に結びついていたということは前章で話しました。

総評に所属する組合が社会党の票田となり、また組合幹部出身者が社会党から立候補して議員になることで、社会党と総評とはますますつながりを深める。こうして両者は同義語になるほどの共闘態勢ができていったのです。

これは保守としても対抗策を考えなくてはいけないということで、日本民主党と自由党が合体して、自由民主党を結成します。

ここに、保守・自民党、革新・社会党という二大政党からなる「五五年体制」ができ上がるわけです。

この時期、社会党を牽引《けんいん》するようになっていたのが、浅沼稲次郎でした。

社会党の最初のスター、浅沼稲次郎

浅沼稲次郎は、日本社会党の結成時からの中枢メンバーでした。

明治三一（一八九八）年、東京・三宅島《みやけ》生まれ。

同じ年に生まれた人には、井伏鱒二《いぶせますじ》、横光利一《よこみつりいち》、今東光《こんとうこう》、河野一郎《こうのいちろう》、周恩来《しゅうおんらい》らがいます。

大衆の心をつかむ演説がうまかったところから「演説百姓」と言われ、巨大な体軀《たいく》で精力的に全国を駆け回ったところから「人間機関車」とも言われました。

ヌマは演説百姓よ
よごれた服にボロカバン
今日は本所の公会堂
明日は京都の辻の寺

東京・深川《ふかがわ》でアパート暮らしを続け、友人からこんな詩を送られるような人物、たいへん庶民的な政治家だったのです。

「中央公論」編集長から中京新聞社取締役編集総務を経て社会党代議士になった佐藤《さとう》観次郎《かんじろう》は、浅沼のことをこう書いています。

この人程、党のために全智全能を打ち込んだ人はない。日常生活は勿論、あらゆる機会に党の宣伝や、党のためになることとなれば、決して嫌ったことはなかった。かつて岐阜の郡上八幡の遊説に同行したとき、岐阜の駅の乗りつぎに、党のパンフレットを自分の鞄にぎっしりつめてきて、これを売り捌いているのである。いくら、党の仕事だといっても、また、党が金がないといっても、書記長にパンフレットを売らせる程、正直、困ってはいなかった。誰も、書記長にこんな用をいいつける人はあるまい。けれども党の財政や、党のあり方を考えると、やらずにおれないというのが浅沼さんの性格であり、人生であった。口では色んな理屈をいっても、仲々行動が伴なわないのが、インテリ出のわれわれの欠点である。早稲田を出てから四十年の近くも、その生涯の中に、これだけ寸分のすきもない程、党のために働いた人は恐らく他にないであろう。

(『驀進――人間機関車ヌマさんの記録』)

その浅沼を悲劇が襲ったのは昭和三五(一九六〇)年、日比谷公会堂で自民・社会・民社三党首演説会が行われたときのこと。演説中に、いきなり壇上に襲いかかってきた右翼の少年、山口二矢《やまぐちおとや》に脇差しで刺され、命を落としてしまいます。

「ああいう奴が左翼にいるっていうのは口惜しいことですね」

浅沼を刺殺した山口二矢はこう言っていたと言われています。魅力的な人物だった、だからこそ目の仇《かたき》にし、亡き者にしようと思ってしまったのです。未熟なテロリストのしわざでした。

大衆性と融通性を持っていた「まあまあ居士」

浅沼は、党内で意見が割れると間に入り「まあまあ」といって双方をなだめることが多かったところから、「まあまあ居士《こじ》」とも呼ばれました。

「まあまあ居士の弁」と題されたエッセイが残っています。昭和二五（一九五〇）年に「文藝春秋」八月号に掲載されたもので、その中にこう書かれています。

いろんなことを決めるときに、多数決で決めるといっても、これはデモクラシーの原則だから当然だが、政党は同志の集団なのだから、そこには話合いも、妥協もあっていいと思う。労働組合は利害中心の集団だが、社会党は日本の社会主義的な変革を民主主義的方途を以ってしようという同志の集団なのである。同志

> には話合いも妥協も時によっては必要である。また、いかに議論が百出しても、纏めるべき所で纏めるということがあっていいのではないかと思う。しかしそういう考え方が「まあまあ居士」と言われる所以かもしれない。社会党の如き大衆団体の中にはまとめ役とも称す可きものはあってもいいと思う。

この「まあまあ」と言って収めようとする融通性が、その当時の社会党をうまくまとめていたのだと思います。

もっと言えば、異なる意見の人がいるところが、社会党の持ち味だったのではないかとも私は思うのです。ある程度、矛盾を抱え込んだ集団。対立もあるだろうが、話し合い、妥協し合おうじゃないか、という考え方。そこが社会党と共産党の決定的に違うところです。

浅沼は、社会主義を志向しながら、一方では天皇を敬愛する面を持っていました。共産党であればこうした矛盾は認められません。「査問」にかけられてしまいます。

あるいは、浅沼自身は社会党右派として「二つの中国論」をとっていたにもかかわらず、党の方針である「一つの中国論」に沿って北京《ペキン》を訪問し、毛沢東《もうたくとう》や周恩来と会い、彼らの信頼を得ます。その結果、「アメリカ帝国主義は日中両国人民の共同の敵」と発言するほど、ある意味、左派よりも左派的なスタンスになってしまったりもしました。

それが弱点だという見方もありますが、何もかもすべてが自分たちの思いどおりになると思い込んで排他的に突っ走るよりは、他者を受容しつつ、しかし大事なところでは譲らない精神というほうが、私は人間的だと思います。

前記の浅沼稲次郎追悼集『驀進――人間機関車ヌマさんの記録』の最後に、浅沼が語りきることのできなかった演説の結びの原案が載っています。浅沼はこう語るはずでした。

「どんな無茶なことでも国会の多数にものをいわせて押し通すというのでは、いったい何のために選挙をやり、何のために国会があるのか、わかりません。これでは多数派の政党がみずから議会政治の墓穴を掘ることになります」

「政府みずからが憲法を無視してどしどし再軍備をすすめ、最近では核弾頭もいっしょに使用できる兵器まで入れようとしておるのに、国民にたいしては法律を守れといって、税金だけはどしどし取り立ててゆく。これでは国民はいつまでもだまってはいられないと思います」

揺るがない信念はここにあった。「国会の多数にものをいわせて押し通」そうとしてばかりいる今の政権に聴かせたい言葉です。

「江田ビジョン」の先見性

スターと言うべき委員長、浅沼稲次郎を突然失った社会党では、半年前に書記長に就任したばかりの江田三郎が委員長代行になりました。

江田三郎は明治四〇（一九〇七）年、岡山生まれ。

同じ年に生まれた人には、淡谷のり子、石井《いしい》桃子《ももこ》、宮本常一《みやもとつねいち》、レイチェル・カーソンらがいます。

結党以来、最高の勢力を持つようになっていた伸びざかりの党を、今後どう率いていったらいいのか。

党の舵《かじ》取《と》りを担うことになった江田の頭には、社会党を労働者層だけに支えられた政党ではなく、もっと広く国民全般から支持される政党にしたいという思いがありました。それには、自民党に代わって政権をとりたい。そのための構想を打ち出していかないといけない、と考えるのです。

そして昭和三七（一九六二）年に、「社会主義の新しいビジョン」を発表しました。それには四つのポイントがありました。

1　アメリカの生活水準
2　イギリスの議会制民主主義
3　ソ連の社会保障
4　日本の平和憲法

この四つをこれからの社会党のビジョンの要《かなめ》にしていきたい、と言ったのです。これは構造改革論と言われていたものです。

ヨーロッパの共産主義・社会主義政党は、一九六〇年代から改革を模索するようになっていました。それまでは、資本主義を一挙に転覆させようとする「革命主義」を掲げていたのですが、その実現は杳《よう》として進まない。世の中はどんどん資本主義が幅を利かせていきます。現実に対応するために方向を変え、より実践的な「改革の積み上げ」によって社会主義の実現を目指そうとする考え方が出てくるようになっていました。

江田三郎は、そうした世界的な趨勢《すうせい》も踏まえて、日本社会党としても構造改革をしていきたい、そうでなければさらに支持を拡げていくことは難しいという立場からのビジョンを打ち出したのです。

これは「江田ビジョン」と呼ばれるようになりました。江田ビジョンは、単純に「資本主義か、社会主義か」という二者択一的な思考ではなく、より現実的で、建設的な指針でしたが、党内からはめちゃくちゃ叩《たた》かれることになります。

イギリスの議会制民主主義を尊重しようということは、革命を目指すのではないということになります。マルクス主義者にとって革命という言葉は特別なものです。構造改革で革命を理想として掲げなくなるのか、そんなことは許せん、と強く反発する人たちがいたわけです。

ちなみに、日本共産党は、構造改革路線を完全に拒否していました。あくまでも革命主義を貫き続けるという方針だったわけです。

社会党の中にも、それに近い考え方の人たちがいた。中心になっていたのは、マルクス研究の第一人者、向坂逸郎《さきさかいつろう》が率いていた社会主義協会の人たちです。向坂は、構造改革論は「日和見主義だ」と罵倒《ばとう》、江田を批判しました。

左派の中でも急先鋒《きゅうせんぽう》である向坂派の社会主義協会が積極的に若手を指導して、党内で勢力を持つようになっていました。

そのため、江田ビジョンを認めようとしなかったばかりか、社会主義的理念に混迷を与えるようなビジョンを勝手に党外に発表したと言って、江田三郎は書記長の座から引きずり降ろされてしまいます。

実際には、ヨーロッパ諸国では構造改革路線で進んでいたわけで、そちらの方向性に進めば、社会民主主義というものをもっと一般市民に浸透させていくことができたはずなのですが、社会党内では江田ビジョンは葬り去られてしまった。

それから三〇年もしてから、構造改革、構造改革と言うようになります。江田の考え方は、先を進みすぎていて、周りがついていけなかったのだと言えます。

田中角栄が怖れた男、江田三郎

そのころ自民党の若手実力者として着々と力をつけてきていた田中角栄《たなかかくえい》は、社会党内がしばしば人事抗争を繰り広げて迷走するさまを見ながら、考えていました。

「自民党もいつまでも政権を握っていられるとは限らない。社会党では江田が一番恐い。江田を書記長に立ててきたときは、もしかすると自民党は負けるかもしれない」

江田は再び書記長に返り咲いて、党代表としてテレビの三党会談などに出ることがありました。三〇代のころからすでに銀髪になっていた江田ですが、人当たりのよさがテレビでの印象もよく、大衆的な人気を得るようになっていました。塩田潮さんの書いた『江田三郎――早すぎた改革者』（文藝春秋）では、当時の田中角栄の心境がこう記されています。

田中は本気で危機感を抱いた。ソフト・イメージ、柔軟姿勢、主婦受け、脱イデオロギー、労組色のなさなど、伝統的な社会党カラーとは一味違うキャラクターの江田は、保守層や無党派市民にも人気が高い。社会党が江田を頭に担いで選挙をやれば、自民党は得票率はもちろん、当選者数でも五〇パーセントの大台を割り込み、過半数割れを起こすかもしれない、と思った。

五五年体制になって二大政党時代などと言われていましたが、社会党は野党第一党にはなれても、政権をとることはできませんでした。イギリスの保守党と労働党、アメリカの共和党と民主党のように互いに政権をとり合うような二大政党にはなれておらず、社会党は最大野党でありながら〝万年野党〟であり続けたのです。

その代わりといってはなんですが、自民党内の勢力抗争によって政権交代が起こり、それによって政策路線が変わっていきました。与野党における政権交代によって起きる大きな〝振り子〟現象は起きなかったものの、自民党内での小さな〝振り子〟的な変動はある、というような状況でした。

江田はなんとか政権をとりたい、与党になりたい、と考えていました。江田ビジョンはそのための重要な戦略でした。ところが党内では認めてもらえない。では代わりに先々のビジョンを具体的な政策に落とし込んでいる人がほかにいたかといえば、誰もいなかったのです。

しかし江田の構想は、ライバル政党の田中角栄の野心に火をつけました。田中角栄は、鳩山一郎《はとやまいちろう》―石橋湛山―岸信介―池田勇人―佐藤栄作《さとうえいさく》と続いてきた自民党政権の中で、次のビジョンは何かと探していました。

池田内閣は、所得倍増政策を推進し、高度経済成長を実現していました。田中が、それに続くさらなるビジョンを打ち出したいと考えていたときに、江田ビジョンが投げかけられたわけです。自分が社会党の脅威と見ている江田三郎のビジョン。それに負けないだけの日本の未来像を打ち出さなくてはならない、田中の中にそんな思いが強烈に湧いたのは自然な流れでした。

昭和四三（一九六八）年、田中は「都市政策大綱」という構想を出します。高度成長してきた日本には、都市の過密と地方の過疎という問題が起きている。これを一挙に解決していくと提言したのです。そう、これはのちの『日本列島改造論』の下敷きとも言えるものでした。

江田三郎は社会党の改革をいろいろ考えますが、ことごとく潰《つぶ》されます。江田は、公明党、民社党と組んで「社公民」という形で自民党に対抗することも考えていましたが、党内の理解を得ることはできませんでした。

最後は叩き出されるようなかたちで社会党を出ます。離党しようとするのですが認められず、除名処分にされるのです。

そして菅直人《かんなおと》らと共に社会市民連合（社会民主連合の前身）を結成。参議院選挙に出馬しようとしていた矢先、病に斃《たお》れて急死しました。代わって急遽《きゅうきょ》、息子の江田五月《さつき》が出馬して初当選を果たします。

江田がビジョンとして打ち出していた高い生活水準や社会保障といった目標は、やがて田中角栄を軸とする自民党のハト派が実現していくことになります。ある意味、江田の掲げたスローガンを、田中角栄が実現したと言うこともできるわけです。

五五年体制の終焉、仇敵と手を組んだ村山政権

自民党の長期政権は八〇年代後半まで続きます。

それに終止符を打ったのは日本新党や新党さきがけ、そして、社会党や公明党等、八党・会派による細川護熙《ほそかわもりひろ》政権でした。自民党を飛び出した小沢一郎《おざわいちろう》がタクトを振って成立した反自民の政権です。

その後、政権交代が起こりやすくするために小選挙区制をという動きが、「政治改革」の名の下に進められましたが、細川政権が誕生したのは中選挙区制のときでした。

諸悪の根源は中選挙区制のように喧伝《けんでん》されましたが、小選挙区制のほうが民意が反

映されず、独裁制になりやすいことは、いまや明らかです。

その後、小沢一郎の強引な政権運営に反発した社会党が政権を離脱し、野党に転落していた自民党が社会党委員長の村山富市をかついで、新党さきがけと共に、いわゆる「自・社・さ」政権を成立させます。不倶戴天《ふぐたいてん》の自民党と社会党が手を組んだのは、まさに驚天動地の出来事でした。

凋落に歯止めをかけるにはどうすればよかったのか

社会党が野党第一党の座から滑り落ち、今の社民党のような状況に陥ったのには、複合的な理由がありました。

現実的な社会主義政権国家の解体により、理念の根幹が揺さぶられたということもあります。江田三郎や土井たか子のようなリーダーを本当にうまく生かすことができなかったこともあります。政治の対立軸が複層的になって、選挙で戦うポイントを絞り込めなくなったということもあった。労組依存という体質もあった。さまざまなことが考えられるわけですが、政党としての反省点で言えば、「外に開かれた組織になっていなかった」ということが一番の理由だと思うのです。

いわば、窓のない部屋で殴り合ってばかりいた。内輪で揉《も》めてばかりいて、外の人たちを呼び込む努力が不足していた。

たとえば、向坂逸郎の主導していた社会主義協会というのは、向坂が解釈したマルクスの『資本論』とかを、ずっと「ああでもない、こうでもない」と言っている人たちだった。どうしたら一般大衆の支持を得られるかということを全然考えていなかった。

社会党の出版物を見ると、江田三郎などが中心になっていたときは、開かれた党を目指していて、党の考え方や組織のあり方が非常によくわかる。いろいろな情報も開示されているのですが、社会主義協会の力が中心になっているものは、とにかくわかりにくい。党員数なんかも伏せてあって、秘密主義的です。

社会主義協会派の人たちからすると、土井たか子たちの「新しい流れの会」なども「右翼社民」などと言って批判された。

そして閉じた世界で頭の中に描く革命思想が肥大して、過激なことを言う。現実を忘れて、頭でっかちの思想になっていきました。

久野収先生がよく言っていたことですが、言葉には「ロジック（論理）」と「レトリック（修辞法）」とがある。両方がそろっていないと伝わらない。どんなにマルクスを深く理解できていたところで、伝えたい相手に関心を持ってもらえるような話し方、伝え方ができなければ聴いてもらえない。

ロジックが骨だとしたら、レトリックは身。骨だけで泳いでいる魚はいないわけです。ちゃんと身を伴っていて、生き生きと泳ぐ魚でなくてはならない。それは現実感覚を大事にするということです。

実際に外の世界と交わらないと、自分たちがどう閉じているのかわからない。普段、仲間うちで使っている言葉が、世間一般にも通用するものなのかどうかに気づけない。他流試合をしないと、レトリックは磨かれていきません。

雨宮処凛《かりん》さんは、はじめ左翼の集会に行ったときに、何を言っているのかまったくわからなかったと言っていました。

彼女は最初に右翼に入る。なぜなら、右翼では黙って「よく来たな」と言ってもらえたからだそうです。左翼に行ったら、「お前はマルクスを読んでいるか？」と聞かれた。居場所はないか、社会のどこかとつながりを持てないか、と求めていたときに、「右翼は温かかったけれど、左翼は冷たかった」と言うのです。

リベラル政党というのは、本来そういう弱者を支えるものにならなくてはいけないのに、それができない。そこが最大の欠陥だったのです。

もっと開いた組織になるべきだった。

もっと外に開いた言葉、人々を惹《ひ》きつける言葉を持つべきだった。

本当の意味で市民に働きかけができていたら、もっと違う展開になっていただろうと思います。

異分子や敵に学ぶ

私のところには、社民党の地方の支部の人たちから、集会の講師を誰か紹介してほしいという相談が舞い込むことがあります。

あるとき、「そういう趣旨だったら、この人が最適だ」と雨宮処凛を推薦し、彼女もたいへん忙しいなかを引き受けてくれたことがありました。

ところが、一旦《いったん》決まってから話がひっくり返ってしまいました。詳細はよくわからないのですが、どうも上のほうの人が「雨宮なんて、元右翼じゃないか」と言って反対したらしいのです。

「ああ、こういうことだからダメなんだよ」とため息が出ました。

雨宮は子どものときにいじめに遭っていて、その後リストカットを繰り返したりして、弱い立場の人の気持ちがよくわかっている。そのうえ右翼の運動とはどういうものなのか、左翼系市民活動とはどういうものかをリアルに知っていて、生の言葉を持っている。だから雨宮に学ぶ必要があるんです。

雨宮や、あるいは高円寺《こうえんじ》から始まった反原発デモの運動を引っぱった「素人の乱」の松本哉《まつもとはじめ》、彼らの関わる運動、イベントは、すごい。どんどん参加者が増えていくのです。

反原発デモにしても、しかめっ面して反対を叫ぶのではなくて、歌あり、音楽あり、仮装ありで、より多くの人に関心を持ってもらえるような仕掛けをよく考えていて、みなが楽しみながらやっている。だから広がっていくのです。

ああいうのを見ていると、「そうか、こうすれば人を集められるのか」「こうすれば多くの人に伝わるのか」といったことが非常によくわかる。私なんかが見ていても、勉強になるところがあります。

社民党のまた別のところから「誰か講演者を紹介してください」と言われたときに、「一水会《いっすいかい》の幹部、鈴木《すずき》邦男《くにお》氏がいいんじゃないか」と薦めたところ、事務局の人が「それは勘弁してください」と言ってきました。

実は、鈴木は今一番右翼に狙われている男です。正直、左より右翼と闘っています。なぜなのかを学ばないといけない。

ところが、右翼の幹部というだけで拒絶してしまう。異質なものを受け入れられないのです。勉強会とか研修会というならば、そういう人たちにこそ学ぶ必要がある。普段なら接触しにくいからこそ、意味があるのです。

社民党の中には、そういうことがまだわからない人たちがいて、頑迷固陋《ころう》なことを言っている。愚かしいなあと思わずにはいられません。

私は対談の企画などがあると、喜んでそのときの〝天敵〟の名前を挙げます。西部《にしべ》邁《すすむ》、田《た》原総一朗《はらそういちろう》、櫻井《さくらい》よしこ……。批判した相手というのは、そういう半ばオフィシャルな場で面と向かって話す機会を設けてしまうに越したことはないからです。直接話せば、意見はかみ合わなくとも、何がしか得るものがある。

中には曾野綾子《そのあやこ》のように断ってくる人もいますが、そういう人は器が小さいのです。

自分の「普通」は世の中の「普通」なのか

人間は、自分のいる環境がごくフラットな場だと思っていますが、実はその人のいる環境というのは、社会全般から見たら、「同質」の人が多いものなのです。

たとえば、私の周囲には特定秘密保護法案に賛成する人などいません。別にそんな基準で付き合う人を選んでいるわけではないのに、志向するものがわりと共通している人たちと、いつのまにかつながっているということです。

学校とか会社というのもそうです。創業者が同じように丁稚《でっち》奉公の身からスタートしている会社でも、ホンダに入ろうとする人と、パナソニックに入ろうとする人ではやっぱり違う。その企業風土になじみやすい資質というのがある。

つまり、人は自分と同質の人たちの中で生活していて、異質なものに対しては違和感を持つというかたちで排除しやすいものなのです。

私が山形で教師をやっていたときには、「党」といったら社会党か共産党のことを指していました。それが、東京に出てきて経済誌の記者になったら、党といったら自民党のことになりました。

「普通に考えれば……」と私たちは何気なく言いますが、「普通に考える」の〝普通〟の基準というのはその場その場でまったく違う。自分のいる環境の普通が、世の中の普通とは限らないのです。

そういうことを客観的に見る眼を持つことが大切なのです。

文化人が中心の革新自由連合ができたときに、その集まりに行くと、みなノーネクタイでラフな服装をしていました。自由業の人ばかりだったからです。私は当時まだ経済誌にいて、企業のトップのところにインタビューに行ったりする仕事が多かったので、ネクタイをしていました。それを「なんだ、ネクタイなんかしやがって」と鼻で笑うように言われたことを覚えています。

たしかにその場にいる面々にとってはネクタイなんかしないのが普通だったかもしれないけれど、それでは、社会の趨勢、大多数のニーズがわからない。その同質な群れの中にだけいて、ああだこうだと言っているだけでは世の中は変わらない、と思いました。

背広にネクタイ姿を「資本主義の印半纏《しるしばんてん》だ」と言ったのは今和次郎《こんわじろう》でしたが、毎日、その印半纏を身につけざるを得ない人たちの意識に沿った視点が持てなければ、新たな運動で世の中をひっくり返すようなことはできない。

自分の普通は何で、世の中の普通は何か。そこを見据える眼、自己客観性を持たなければダメなのです。

共産党の閉鎖性

もう一〇年ほど前のことですが、共産党とトラブルになってしまったことがありました。

小林多喜二の命日、二月二〇日に、小樽《おたる》市で毎年「多喜二祭」が行われています。多喜二は共産党員だったので、共産党が中心になって実施しているのです。

ある年、「週刊金曜日」の読者の人たちと共に、その多喜二祭に参加したことがありました。私が「金曜日」の社長を務めていたころです。

小樽に行って昼間、墓前祭に参加、夜は「多喜二を語る夕べ」という懇親会に出ました。その昼の会のときに、共産党の北海道幹部が出てきて、多喜二とはまったく関係ない、共産党の勢力が伸びたとか伸びないといった話ばかりしたのです。私は、それは趣旨が違うだろうと夜の会で言い、そのときのことを「サンデー毎日」のコラムに書きました。

「これは小林多喜二のために集まった会であって、共産党の集会ではない、だから、共産党が私物化してはダメだ。政治的な少数派が勝つ道は、文学を含む文化を大事にして、その可能性に賭けるしかない。それなのに、文学を政党の僕《しもべ》にしてはいけない」といったことを書いたのです。

数日後、「赤旗」に私を弾劾する記事がでかでかと載りました。それまでは「赤旗」から時々、インタビューの依頼などがあったのですが、これ以来、完全に没交渉になりました。

『蟹工船』ブームでプロレタリア作家としての小林多喜二が再注目されるようになっている中で、多喜二に関心を寄せている人に共産党の色を押しつけるべきではないと苦言を呈したつもりだったのですが、批判を受け入れられない体質なのです。

その狭量さこそが、共産党の課題です。耳の痛い批判を受け入れようとしないで、自分たちのやっていることはつねに正しいというスタンスで、相手を攻撃する。こういう体質を共産党に植え付けてしまったのは、長らく共産党を支配していた共産党のドン、宮本顕治でした。

共産党は、旧社会党・社民党以上に「閉じた組織」です。その閉じた中で党員を囲い込んでいるため、選挙のときなどは社民党よりも手堅い結果を得ることができています。

しかし、こうした閉鎖性を続けていては未来はないでしょうね。

共産党という組織をよく表しているのが「査問」だと私は思います。党の方針や上層部のやり方に異を唱えることはタブーなのです。反する言動、あるいは批判と見られる言動があると、中央委員会から呼び出されて厳しく追及される。それが査問です。

米原万里さんは、お父さんが共産党の幹部でした。共産主義に夢を持って世の中の不正や不平等と闘っていたお父さんの姿を見て育った万里さんも、党員になりました。ところがあるとき、仲間と共に突然、党員権を停止され、一年間にわたって査問された。そのことがきっかけで、日本共産党に見切りをつけた、という話をしていたことがあります。

平等を目指すことを理想と掲げていても、実際のところ、自由にものを言うこともできない組織。つまりは「考えるな」ということ。軍国主義的ファシズムと変わりません。

内にあっても批判を許さないわけですから、外からの批判にはなおさら耳を傾けられない。そうやって内へ内へとこもっていくことは、社会からの孤立化を意味します。

ソビエト連邦の崩壊という現実に遭遇したとき、一九五〇年代からソ連の干渉を拒否してきた日本共産党は、「歴史的巨悪だったソ連共産党の解体を両手《もろて》を挙げて歓迎する」という声明を出したので驚きました。

ソビエトの失敗はどこに原因があったのかと受け入れるのではなく、ソビエトは失敗したけれど、自分たちだけは正しい、という不思議なスタンスだったからです。共産主義国家の理想が潰《つい》えたという現実から目を背け、純粋化だけを図って、一体どこに向かおうとしているのでしょう。

膠着《こうちゃく》した組織に最も必要なのは、「他者の声に耳を傾けること」そして「間違いに学ぶ」ことではないでしょうか。

正しいことを言うときは

吉野弘《よしのひろし》という私と同郷の酒田生まれの詩人が、「祝婚歌」という詩を書いています。結婚する若い二人に贈った詩ですが、その中に、こんなふうに生きたいと思わされる言葉が出てきます。

正しいことを言うときは
少しひかえめにするほうがいい
正しいことを言うときは

相手を傷つけやすいものだと
気付いているほうがいい
立派でありたいとか
正しくありたいとかいう
無理な緊張には
色目を使わず
ゆったり　ゆたかに
光を浴びているほうがいい

自分はつねに正しいなどという思い上がり、勘違いを戒める言葉です。声高に叫ぶのではなく、控えめに言う。肩に力を入れるのでなく、肚《はら》に力を入れるイメージです。

久野収先生は、気軽にいろいろな市民集会に出る人でした。先生が来られたとなると、主催者はすぐに「何か一言ご挨拶《あいさつ》をお願いします」などと言ってくるわけです。けれども、それが自分が主催する集会でない場合には、先生は「今日は、僕は単なる一参加者だから」と言って応じない姿勢を貫きました。自分が出すぎることがないようにと抑えていたのです。

政治家を筆頭に、世の中で「先生、先生」と呼ばれる立場にいることに慣れきっている人は、とかく自分がつねに主役であるような意識を持ちがちで、どこにいても表舞台に出ていこうとします。そしてどんな場でも、自分を主体にした話をする。それではいけない。

出すぎてはいけない。引いてみる。歩み寄りも、新たな芽吹きも、そういうところに出てくるのです。

最後にもう一つ私の好きな言葉を紹介して、この章を締めくくりましょう。『森の生活』を書いたソローの言葉です。

足並みの合わぬ人をとがめるな
彼はあなたが聞いているのとは別の
もっとみごとなリズムの太鼓に
足並みを合わせているのかもしれないのだ

組織においてどうあるべきか。この一語に尽きると思います。

第十章　創価学会はなぜ現代のタブーになったのか

政教分離を瓦解させたモンスターの正体

創価学会のなりたち

戦後日本の組織のありようを語るとき、避けて通れないのが創価《そうか》学会《がっかい》の存在です。政治、経済、社会、文化、さまざまなところに影響を及ぼしている。ところがその実情が杳《よう》としてわからない。本章では創価学会とはどういう組織集団なのかを取り上げてみることにします。

そもそも、宗教法人なのに学会というあたりがちょっと変わっています。

創価学会の創設者、牧口常三郎《まきぐちつねさぶろう》はもともと教育者でした。教育者の育成ということを考えている中で日蓮宗の一派、日蓮正宗《にちれんしょう》に触れ、自らの教育理念と日蓮正宗の訓《おし》えとを重ね合わせた「創価教育学」を打ち立てます。

昭和五（一九三〇）年ごろから組織化、当初は「創価教育学会」という名称で、宗教と教育団体の相俟《あいま》ったようなものだったのです。

戦時中、軍が天皇崇拝から国家神道色を強めていく中、創価教育学会は神道を批判、伊勢神宮の神札を拒否したなどの理由で、弾圧を受けるようになります。

昭和一八（一九四三）年、会長、牧口常三郎と、のちに二代目会長となる戸田城聖《とだじょうせい》ら幹部は、治安維持法、不敬罪容疑で検挙されました。

会は事実上解体され、牧口は獄中で死亡します。

牧口が創価教育学会を興したときからの弟子の一人が、戸田城聖です。戸田も牧口と共に逮捕されましたが、敗戦の少し前に出所。創価教育学会を「創価学会」と改称して再興しはじめます。

創価教育学会は、牧口の理念に共鳴する教職員による集まりといったものでしたが、戸田城聖は、日蓮正宗の信仰を中心に据えて広く一般人を受け入れようと考えます。そして昭和二七（一九五二）年に宗教法人として正式に認証されました。

この戸田城聖という人はビジネス手腕に長《た》けた人で、戦前から塾経営で成功し、出版事業に乗り出し、さらに金融・証券業にも手を広げていった人でした。その手腕が、会員獲得に活《い》かされていくわけです。大々的な布教活動を行い、勢力を拡大していきました。

昭和三三（一九五八）年に戸田城聖が死去、二年後の三五（一九六〇）年に三代目会長の座についたのが池田大作でした。

会長職はその後、昭和五四（一九七九）年に四代目、昭和五六（一九八一）年に五代目、平成一八（二〇〇六）年に六代目へと引き継がれていきますが、池田大作が名誉会長として君臨し続けます。絶対的権限を掌握した池田体制は五十余年にわたって続いているのです。創価学会が〝池田教〟と呼ばれる所以《ゆえん》です。

現世利益、欲望の全肯定

以前、テリー伊藤《いとう》さんと一緒に『お笑い創価学会――信じる者は救われない』（知恵の森文庫）という本を出しましたが、二〇〇〇年に単行本で出して二〇万部を超え、二年後に文庫になってからもたびたび版を重ねました。

この本では、創価学会のことをよりリアルに、具体的に知ってもらうために、創価学会の実情に関するレポートや手記などをいくつか収録しました。

ノンフィクション作家の井田真木子《いだまきこ》さんが一九九六年に書いた「池田大作　欲望と被虐の中で」というレポートもその一つですが、これが創価学会の体質をみごとに浮き彫りにしたものでした。

私がなるほどと思ったのは、創価学会は欲望の肯定から出発しているという指摘でした。

モノ、カネ、権力など人間にはさまざまな欲望がありますが、それらの欲望をどう抑えるかが宗教の持つ一つの意味であるように私たちは思っています。欲望より心の安定を優先する、宗教とはそういう禁欲的なものだという捉《とら》え方をしていますが、創価学会というのはそうではない、むしろ「欲望を全面肯定する」ことを原点としているというのです。

たとえば、敗戦後まもなく、戸田城聖を講師とする集会でこんなことがあった。暑い季節で、エアコンなどまだなかった時代です。会場では扇風機がまわっていました。「戸田は扇風機を自分のほうに向けて一人だけ涼み、「見ましたか。皆さんひとりひとりが、こうならなくっちゃいけないんですよ」と言ったといいます。

扇風機を聴衆のほうに向けて、皆さんも涼んでくださいとか、「心頭滅却すれば火もまた涼し」ではないですが、暑いと思わなければ暑くないんですよとか、そういうことを言うのではなく、自分だけが涼む。いい思いをする。それをさっとやってみせるわけです。

それを目の当たりにした聴衆は思います、扇風機を自分だけに向けてみたい、と。それができる人間になりたい、と。欲望をコントロールするのではなく、欲望を肯定してくれる宗教というのは大衆にとっては魅力的です。

創価学会は戦後、低所得者層や社会の底辺に押しやられてしまった人々を布教の対象としていました。生きている間に一度でいいからいい思いをしたいという人に、欲望の全面肯定を説いた。

死んだら来世で幸せがあるというのではなく、現世で幸せを得られる。それも仏に導かれるといった抽象的なことではなく、欲しいものを手に入れるのだという訓え。創価学会員になれば、それがかなうと思ったら、入ろうかという気になります。この考えは強烈に響いたと思います。

共産党との確執

公明党と共産党というのは、水と油です。絶対、連携しようとはならない。

それというのも、創価学会と共産党のターゲットにしていた層がどちらも同じように、生活が苦しくて、現状に不満を抱いている低所得者層だったからです。共産党は、煎《せん》じつめれば「革命が起これば世の中がひっくり返る、そうしたらみな幸せになれるんだ」という考え方ですから、共産党が党員にしようとしている人たちと、創価学会が会員にしたい人たちが重なる。

当初は創価学会も、寄付ということをあまり言わなかったのです。ただ、どちらも囲い込みたい組織ですから、信者の取り合いみたいなことが起きる。一回共産党に入った人が創価学会に行くとか、その逆だとかのトラブルが少なくなかったのです。創価学会は最初のうちは政治には進出しないとも言っていたのですが、池田大作の代になってから、政治にも触手を伸ばすように変わっていった。

公明党の前身となる「公明政治連盟」が昭和三六（一九六一）年に結成されています。そして昭和三九年に公明党結成。そうなると、政党としても競合するようになって、一段とライバル関係が激化するわけです。

公明党は、竹入義勝《たけいりよしかつ》、矢野絢也《やのじゅんや》という体制の時代が長かったのですが、その間に「社公民」のような話はもち上がっても、共産党と組むという話はまったくない。共産党からしてみれば、後から出てきておいて社会党に次ぐ野党第二党の地位を獲得した公明党が面白くないわけです。

闇の部分を数多く抱える組織

宗教というのは、いつの時代も時の権力者から牽制《けんせい》されたり、弾圧されたりという側面を持っています。イエス・キリストだって受難があった。親鸞《しんらん》にしても、念仏を禁じられて長く越後《えちご》・関東の地に流罪になっていた。日蓮にしてもそうでした。

新しい宗教というのは、社会から危険視される要素をはらんでいるものなのです。創価学会もまた、危険な要素を持っていました。

たとえば、「折伏《しゃくぶく》」と呼ばれる非常に強引な布教の仕方。

「財務」と呼ばれる寄付金というかたちにされた搾取。

批判者に対する激しい攻撃性。

その攻撃性は、他教、他宗派に向かうこともあれば、共産党に対する選挙妨害として出ることもある、批判本の出版妨害というかたちで世間を騒がすこともある、離反者への脅迫や苛烈《かれつ》な嫌がらせのかたちで出ることもある、自宗の総本山にさえも矛先を向けます。


世間でよく知られるようになったのは、昭和四四（一九六九）年、評論家の藤原弘達《ふじわらひろたつ》が『創価学会を斬る』（日新報道）という本を出版しようとしたところ、創価学会側が出版の中止や書き直しを求めて、さまざまな圧力をかけた出版妨害事件です。新聞や週刊誌などで大々的に報道され、世間の注目を集めました。

当初、創価学会側は妨害の事実を否定していましたが、昭和四五年に池田大作が「言論妨害の意図はなかった」としながらも圧力を感じさせて世間に迷惑をかけたと発言。世間的には一応の収束をみたとされました。

しかしそれで終わったわけではなかったのです。平成一一（一九九九）年に藤原弘達が亡くなり、訃報が公になると、藤原の自宅には「おめでとうございます」という電報が届いたり、いたずら電話が頻繁にかかってきたそうです。

公明党の委員長を務めた竹入義勝も、朝日新聞に回顧録「秘話・55年体制のはざまで」を書いたことで、猛烈に叩《たた》かれました。

「天下の変節男」「欺瞞《ぎまん》の天才」「畜生以下の非道」「泥棒野郎」「銭ゲバ」「ヘビ」……公明新聞や聖教新聞にはこうした言葉と共に、竹入を誹謗《ひぼう》中傷する記事がしつこく掲載されたのです。

あるいはまた、長く書記長の座にあり、竹入の後に委員長になった矢野絢也も、公明党を離党してからバッシングに遭い、いくつもの裁判に応じなくてはならなくなりました。


創価学会が日蓮正宗総本山と激しく対立したのは、今から三〇年近く前のことです。宗教法人として認められていたといっても、創価学会は日蓮正宗の一派、在家信徒の団体の一つという存在でした。

しかし創価学会は独自に勝手なことをいろいろする。それは教義に反すると注意しても、聞かないわけです。対立が激化し、平成三（一九九一）年一一月に創価学会は日蓮正宗総本山、大石寺《だいせきじ》から破門されます。

つまり日蓮正宗の信徒団体ではなくなったのです。これは同時に、宗教団体として教義のよりどころになる経典や本尊を失ったということです。今の創価学会というのは、宗教法人というにはいささか無理があると言わざるを得ません。

なぜこのような問題が次々と起こるのか。実際問題として、創価学会は強大な権力を持った池田大作の単なる〝私物団体〟となり、池田大作という〝上御一人〟の意のまま、わがままのままに動かされている団体だからです。

公明党の委員長をはじめとした幹部は、選挙では選ばれていません。つまり、池田大作のご指名です。その子飼いの子分が気に入らなくなったら、クビをすげかえればいい。なまじ批判などしようものなら、強力な組織編成の各部隊が出動して徹底的に叩き潰《つぶ》すわけです。

『お笑い創価学会』を読んだ米原万里《よねはらまり》さんが、「意外に真面目な本ね」と言っていたのが、今は懐かしく思い出されます。読んだあと、米原さんは「週刊文春」で書いていた「私の読書日記」に、こんな感想を記してくれていました。

藤原（弘達）ら学会批判者が受けた出版妨害や凄まじい嫌がらせ、元公明党委員長竹入に対するパージなど、一切の批判を受け付けない閉鎖性、マスゲーム好みに見られる絶対的池田崇拝は北朝鮮を彷彿とさせる。

まさに、北朝鮮の最高指導者と同じ。生死のほどが隠されて定かではないところまでも似ています。

公明党の狙いとは

『創価学会を斬る』は当時ベストセラーになりましたが、このなかで藤原弘達はなかなかの慧眼《けいがん》ぶりを発揮しています。

「公明党のねらっているのは、自民党との連立ではないのか」と書いているのです。

公明党は宗教勢力としての基本的性格からいっても、反共であることは否定できない。日本共産党は理論的停滞にもかかわらずいくらかは議席がのび、党員を拡大し、「アカハタ」も売れているという事情にあるけれども、公明党に比べた場合、とくに議会に代表を送る力からみると公明党の方が共産党を上まわっているることは否定できない事実である。だが、この公明党が現在党勢の拡大によって何をねらっているかといえば、いうならば自民党との連立体制であるとみなさなければなるまい。もし自由民主党が過半数の議席を失なうというようなことになった場合、公明党に手をさしのべてこれとの連立によって圧倒的多数の政権を構成するならば、そのときは、日本の保守独裁体制が明らかにファシズムへのワンステップを踏み出すときではないかと思う。

この本が出たのは昭和四四（一九六九）年のこと、自民党、自由党、公明党の「自自公」連立政権が樹立されるのは平成一一（一九九九）年ですが、その三〇年も前の時点で「自民との連立」を喝破している。

そしてそれが「日本の保守独裁体制が明らかにファシズムへのワンステップを踏み出す時」というのも鋭い指摘です。

自民党と連立政権を組んだとき、ちょうどナチス・ヒトラーが出たときの形と非常によく似て、自民党という政党の中にある右翼ファシズム的要素、公明党の中における宗教的ファナティックな要素、この両者の間に奇妙な癒着関係ができ、保守独裁体制を安定化する機能を果たしながら、同時にこれを強力にファッショ的傾向にもっていく起爆剤的役割として働らく可能性も非常に多くもっている。

これまで「平和」を看板にしてきた公明党との〝協議〟によって安倍政権が「集団

的自衛権」の行使容認にこぎつけた今、まさにこの〝予見〟が当たったことを思わずにいられません。

公明党が連立政権内で果たしている役割

たとえば雨が降っても、公明党を支持する創価学会員は選挙に行きます。公明党の票は〝風〟に揺れる浮動票ではないのです。

いまや選挙は創価学会の組織を固める恰好《かっこう》の手段となっており、新たに〝信者〟を広げるイベントともなっています。

公明党が自民党と連立政権を組んで、もうかなり経ちましたが、自民党は公明党の〝基礎票〟がなければ当選できない候補者がほとんどです。

公明党は創価学会名誉会長の池田大作が、言論出版問題等で国会に呼ばれることを恐れて「与党」から脱けられなくなりましたが、しかし、公明党のおかげで当選できた自民党の政治家たちは、池田はもちろん、学会を批判することはできません。〝触らぬ創価学会に祟《たた》りなし〟というところでしょうか。

巧みに張り巡らされた学会人脈網と〝カネ縛り〟の構図

外務省には「大鳳会《おおとりかい》」という学会員の集まりがあります。池田大作にノーベル平和賞を取らせたい学会員の外務官僚が、世界各国でその工作をやっているとも言われています。その他、法曹界や企業にも学会員の会があり、強い結束を誇っているのです。また、読売新聞や毎日新聞は各々の印刷所で学会の「聖教新聞」等を印刷しているため、創価学会を批判することはしにくいか、ほとんどできません。

それで、タブーはさらにタブーとなりました。日本では学会のマークの鶴にちなんで、「鶴タブー」があると言われますが、天皇をめぐる「菊タブー」とともに、それはかなり根を下ろしたタブーです。

新聞やテレビに広告を出したりスポンサーになることによって、学会を批判できなくしている傾向もあります。これは文字通りの〝金縛り〟と言わなければなりません。

ちなみに、「週刊ダイヤモンド」が二〇〇四年八月七日号で「創価学会の経済力」の解剖をしました。総資産は一〇兆円とか。これは東京電力の約一四兆円には及ばないものの、九兆円のソニーや九兆六〇〇〇億円の日立製作所（いずれも連結ベース）を凌《しの》ぐ規模だということです。

平成七（一九九五）年一一月七日、当時、創価学会の資産や税金問題を追及していた自民党代議士の熊代昭彦《くましろあきひこ》は、「最大の宗教団体でありますす創価学会さんは一〇兆円の資産と毎年二〇〇〇億円ないし三〇〇〇億円の特別財務、それがすべて無税扱いである。そして、それを元手にする収益事業が実質二〇パーセント弱の軽減税率……」

と、その矛盾と不気味さを指摘しました。

財務とは学会員による寄付のことで、たった四日間で三五五億円を集めたこともあります。

では、集められた「巨額マネー」はどう運用されているのか？　「四大銀行グループで預金総額一兆円超！　頭取もひれ伏す資金力」という見出しの章は、正月の仕事始めに、三菱信託銀行（現・三菱ＵＦＪ信託銀行）の社長がまず創価学会を訪れるという記事から始まります。監督官庁である金融庁より先に、学会に年賀に行くのが習慣なのです。

四大銀行の中では、圧倒的に東京三菱銀行（現・三菱ＵＦＪ銀行）との関係が深いと言われます。

また、粗利益率が五〇パーセント以上という墓苑《ぼえん》事業にもさまざまなウラがあります。

学会を巡る奇怪なおカネの事件も見逃せません。

たとえば、平成元（一九八九）年六月、横浜市内のゴミ処理場で現金一億七五〇〇万円の入った金庫が発見されたときは、三日後に池田大作の〝金庫番〟と呼ばれた中西治雄《なかにしはるお》が名乗り出ました。

また、平成三（一九九一）年に発覚した「ルノワール疑惑」は三菱商事が間に入って差額が一四億七五〇〇万円も生じ、その行方が注目されましたが、真相は藪《やぶ》の中です。

同年には、東京国税局が墓苑事業の税務調査に入り、二九億五〇〇〇万円の所得の申告漏れが明らかになりましたが、これもウヤムヤのままです。

謎だらけのこの学会に挑んだ記事が少ないというのはまことにおかしなことと言わなければなりません。

学会的なる組織はこれからもつづく

井田真木子さんは前述のレポートの締めくくりをこんなふうにまとめています。

おそらく近い将来、生物的な存在としての池田は終焉を迎えるだろうが、創価学会は戸田城聖が基を作り、〝池田先生〟が果てしもなく規模を拡大した盤石の構造を維持する形で、第二の池田への野望を持った人たちによって割拠されるにちがいない。〝池田先生〟は物理的にいなくなっても、そのあとには、いくたの〝池田先生〟が出現し、〝池田先生〟型組織の上に乗り、〝先生〟が編み出した人心操作方法を踏襲し、あるいは応用変化させて学会的なるものを存続させるだろう。

この見解に私も賛同します。井田さんはその後急逝し、物理的に〝池田先生〟がいなくなってからの創価学会の姿をその目で確認することはできなかったのが残念ですが。

人とカネの結びつきを、組織のあり方、一つのシステムとして構築させたのが、創価学会です。それを模倣する第二、第三の学会的なるものは、創価学会の中からも外からも生まれてくるでしょう。

たとえば幸福の科学のように。

とすると、それと立ち向かうためのシステムも、考えださなくてはならないのではないでしょうか。

第十一章　組織・社会とどう関わっていくか

「個」を殺されずに生きるために

大切なのは「対置」の学び

戦後日本の教育は、正しい知識を詰め込んで、受験競争に対応できるようにすることを主眼にしてきました。要するに、効率よく「正解だけを教える」教育です。

歴史にしても、現実社会を生きていくうえで一番大事なのは近現代史なのに、現代史をきちんと教えられる学校教師はほとんどいません。なぜなら、評価がまだ定まっていないため、正解を教えられないからです。

従軍慰安婦問題ひとつ取り上げても、これほどまで人によって見解、認識が異なるわけです。しかし、はっきりしたことは言えなくても、教えなくてはいけないと私は思っています。ものの見方、考え方を示してあげればいいわけです。朝日新聞の問題で社会的にこれほど話題になっているわけですから、あえて極論も取り上げて、その考え方のベースを説明するといいと思うのです。

「これが正解ですよ」といって教えられて得た知識というものは、底が浅いものです。間違いだとか、逆説だとか、別の考え方と対置してその違いを知ることで、そのことが持つ本当の意味というものが見えてくるのです。

住井すゑさんは、「『教育勅語』と『水平社宣言』を一緒に教えるべきです」と言っていました。天皇制思想の根幹とも言うべき「教育勅語」と、被差別者の高らかな人権宣言「水平社宣言」、その両方を併せ読むことで、天皇制とは何か、民主主義とは何かということへの理解が進むというわけです。

まさにそのとおりで、「教育勅語」は敗戦によって捨てさせられたものだから、今さら教える必要がないと言っていると、なぜ子どもたちにまであれほど天皇崇拝思想が浸透していたかを知ることはできません。そして、「エタである事を誇り得る時が来た」と宣言する「水平社宣言」でそれを読み破る。参考までに、「教育勅語」と「水平社宣言」の文章を紹介しておきましょう（後出）。

疑問を持ったり、批判したりする思考力はそういう対置の学びのなかで養われるのです。

今は、わかりやすさを求める時代です。すぐに答えが欲しい。結果が欲しい。曖昧《あいまい》さに耐えられず、すぐに白黒つけたがる傾向があります。しかし、それでは本質はつかめないのです。

たとえば、城山三郎さんが学生のころに読んで感銘を受けた杉本五郎の『大義』を、城山さんの書いた『大義の末』とセットで読む。それも、当時『大義』のどの部分が伏せ字になっていたのかがわかるようなかたちで読むことで、「ああ、こういうふうに歪《ゆが》めたかたちで読まされていたのか」ということがわかり、国が若者をどうやってだまそうとしていたか、城山さんの怒りというものがわかるようになります。

教育ニ關スル勅語

朕惟フニ我カ皇祖皇宗國ヲ肇ムルコト宏遠ニ徳ヲ樹ツルコト深厚ナリ我カ臣民克ク忠ニ克ク孝ニ億兆心ヲ一ニシテ世々厥ノ美ヲ濟セルハ此レ我カ國體ノ精華ニシテ教育ノ淵源亦實ニ此ニ存ス爾臣民父母ニ孝ニ兄弟ニ友ニ夫婦相和シ朋友相信シ恭儉己レヲ持シ博愛衆ニ及ホシ學ヲ修メ業ヲ習ヒ以テ智能ヲ啓發シ徳器ヲ成就シ

進テ公益ヲ廣メ世務ヲ開キ常ニ國憲ヲ重シ國法ニ遵ヒ一旦緩急アレハ義勇公ニ奉シ以テ天壌無窮ノ皇運ヲ扶翼スヘシ是ノ如キハ獨リ朕カ忠良ノ臣民タルノミナラス又以テ爾祖先ノ遺風ヲ顯彰スルニ足ラン

斯ノ道ハ實ニ我カ皇祖皇宗ノ遺訓ニシテ子孫臣民ノ倶ニ遵守スヘキ所之ヲ古今ニ通シテ謬ラス之ヲ中外ニ施シテ悖ラス朕爾臣民ト倶ニ拳々服膺シテ咸其徳ヲ一ニセンコトヲ庶幾フ

明治二十三年十月三十日

御名御璽

教育に関する勅語の全文通釈

朕がおもふに、我が御祖先の方々が国をお肇めになつたことは極めて広遠であり、徳をお立てになつたことは極めて深く厚くあらせられ、又、我が臣民はよく忠にはげみよく孝をつくし、国中のすべての者が皆心を一にして代々美風をつくりあげて来た。これは我が国柄の精髄であつて、教育の基づくところもまた実にこゝにある。汝臣民は、父母に孝行をつくし、兄弟姉妹仲よくし、夫婦互に睦び合ひ、朋友互に信義を以て交り、へりくだつて気随気儘の振舞をせず、人々に対して慈愛を及すやうにし、学問を修め業務を習つて知識才能を養ひ、善良有為の人物となり、進んで公共の利益を広め世のためになる仕事をおこし、常に皇室典範並びに憲法を始め諸々の法令を尊重遵守し、万一危急の大事が起つたならば、大義に基づいて勇気をふるひ一身を捧げて皇室国家の為につくせ。かくして神勅のまに〳〵天地と共に窮りなき宝祚《あまつひつぎ》の御栄をたすけ奉れ。かやうにすることは、たゞに朕に対して忠良な臣民であるばかりでなく、それがとりもなほさず、汝らの祖先ののこした美風をはつきりあらはすことになる。
こゝに示した道は、実に我が御祖先のおのこしになつた御訓であつて、皇祖皇宗の子孫たる者及び臣民たる者が共々にしたがひ守るべきところである。この道は古今を貫ぬいて永久に間違がなく、又我が国はもとより外国でとり用ひても正しい道である。朕は汝臣民と一緒にこの道を大切に守つて、皆この道を体得実践することを切に望む。

出典：文部省図書局『聖訓ノ述義ニ関スル協議会報告』、一九四〇年二月。佐藤秀夫編『続・現代史資料9　教育2　御真影と教育勅語』（みすず書房、一九九六年、三五六ページ）より。

水平社創立宣言

全國に散在する吾が特殊部落民よ團結せよ。

長い間虐められて來た兄弟よ、過去半世紀間に種々なる方法と、多くの人々によってなされた吾らの爲の運動が、何等の有難い効果を齎《もた》らさなかった事實は、夫等《それら》のすべてが吾々によって、又他の人々によって毎《つね》に人間を冒瀆《ぼうとく》されてゐた罰であったのだ。そしてこれ等の人間を勦《いたわ》るかの如き運動は、かえって多くの兄弟を堕落させた事を想へば、此際吾等の中より人間を尊敬する事によって自ら解放せんとする者の集團運動を起せるは、寧ろ必然である。

兄弟よ、吾々の祖先は自由、平等の渇仰者であり、實行者であった。陋劣《ろうれつ》なる階級政策の犠牲者であり、男らしき産業的殉教者であったのだ。ケモノの皮を剝ぐ報酬として、生々しき人間の皮を剝ぎ取られ、ケモノの心臓を裂く代價として、暖かい人間の心臓を引裂かれ、そこへ下らない嘲笑の唾まで吐きかけられた呪はれの夜の惡夢のうちにも、なほ誇り得る人間の血は、涸《か》れずにあった。そうだ、そして吾々は、この血を享《う》けて人間が神にかわらうとする時代にあうたのだ。犠牲者がその烙印を投げ返す時が來たのだ。殉教者が、その荊冠《けいかん》を祝福される時が來たのだ。

吾々がエタである事を誇り得る時が來たのだ。

吾々は、かならず卑屈なる言葉と怯懦《きょうだ》なる行爲によって、祖先を辱しめ、人間を冒瀆してはならぬ。そうして人の世の冷たさが、何んなに冷たいか、人間を勦る事が何であるかをよく知ってゐる吾々は、心から人生の熱と光を願求礼讃するものである。

水平社は、かくして生れた。

人の世に熱あれ、人間に光りあれ。

大正十一年三月三日
全國水平社創立大會

水平社綱領

一 特殊部落民は部落民自身の行動によって絶対の解放を期す
一 吾々特殊部落民は絶対に経済の自由と職業の自由を社会に要求し以て獲得をす
一 吾等は人間性の原理に覚醒し人類最高の完成に向って突進す

比較して、そこに疑問を持って考えることで、知識に厚みが出て、批判する力、真実を見きわめていく力が培われていく。日本はもっとそういう教育をしたほうがいいと思います。

道徳教育強化の意味すること

基本的に日本の教育は、「これを信じなさい」という教育です。「だまされないようにするにはどうしたらいいか」という教育はしてきていないのです。

アメリカの教育というのは、「なぜか」ということを大事にします。「批判的思考（クリティカル・シンキング）」を重視する。言葉で意思をやりとりし、議論したり批判したりすることを学校でしっかり教えます。

異なる立場、異なる視点、異なる意見を知る中で、どうしたらいいのか、自分はどうするのかを考えさせる。それが思考力を磨く訓練になり、自分という個性を確立することになります。

日本もいろいろアメリカの真似をするなら、そういう批判的思考の身につけ方も真似して学ぶようにすればよかったのですが、できなかった。最近ようやくそういうことを言うようになりました。

日本の教育では、「個」の確立よりも、集団における協調精神のほうを重んじます。

批判したり反論したりすることは、相手に失礼だ、と教えてきたわけです。「人の話は黙って聞きなさい」というのはそういうことです。

その軸にあるのは倫理・道徳の押しつけです。疑問を持ったり、批判をしたり、個人が屹立《きつりつ》していく力を育てるよりは、周囲との和を乱してはいけないとか、正直でなければいけないとか、勤勉でなければいけないとか、そういう道徳観念的なものを教え込む。個性の尊重といったことはずっと後になってから言いはじめたことです。

道徳的な訓《おし》えというのは、人間の自由な意思や行動を制限し、枠組みからはみ出さないような従順性を強要するものが多いわけです。

昔話ですが、私は山形の農業高校の教師をしていたときに、むのたけじさんに講演を依頼したことがありました。

会場である体育館にむのさんを案内していると、数人の生徒が挨拶《あいさつ》もしないでダダッと脇を走り抜けて行った。私は思わず「コラッ！」と叱った。そして「礼儀知らずで申し訳ありません」と謝ると、むのさんは「いや、元気があっていいですね」とにこやかに言ったのです。

その言葉に、私はハッとなりました。教員になって数年のうちに、頭ごなしに生徒たちに秩序を押しつけるようになっている自分に気づいたからです。この立場に長く身を置いていると秩序を押しつけることに何の疑問も違和感もなくなっていくだろう、これは怖いな、と感じたことを覚えています。

日本は「内面指導」が好きな国だと言いましたが、道徳的観念を高めるというかたちで内面指導をしていくのが常套《じょうとう》手段です。

私には、この道徳教育というのがどうも胡散《うさん》臭く思えてなりません。道徳をうるさく言う政治家は、結局のところ大衆を煽動《せんどう》したい人だからです。

戦前・戦中の「修身」の教育が国家による国民教化であったとして、敗戦後、GHQの指令により停止されます。その基本とされていた「教育勅語」も、昭和二三（一九四八）年の国会で失効しました。

戦後の道徳教育は公民教育構想に基づき、社会科の中で育《はぐ》まれることになりました。社会科で社会や人間関係について学び、それらを通して道徳的な判断力を育んでいくという方針がとられることになったのです。

これが転換されたのが、昭和三三（一九五八）年、岸信介内閣のときです。小・中学校の学習指導要領が改訂され、昭和三五年から「道徳の時間」が設けられるようになったのです。以来、教科外活動としてずっと行われてきました。

安倍晋三という人は、何かにつけて母方の祖父である岸信介をなぞりたくて仕方ない。第一次内閣のときから、道徳を正規の「教科」にしたがっていましたが、再びその方向で動き出しました。

その意向を受けて、文部科学省は平成三〇（二〇一八）年度から道徳を正式な「教科」にすると発表しました。つまり、今後は道徳という科目が成績表にも加わるのです。道徳心が評価されるようになるということです。

近年、モラルやマナーの低下が著しいことから、道徳教育の強化ということが世論的には前向きに受けとめられているようですが、私は非常に危惧《きぐ》を感じています。

集団的自衛権行使の容認により、「不戦」を唱えてきた日本は、いつでも戦争に突き進むことができる国へと変わりました。その「戦争をしたい政府」が学校教育の場で道徳の強化をし、内面指導を進めていったらどういうことになるのか？

今後、教育現場で「集団的自衛権の行使は憲法には違反しない」ということが言葉巧みに子どもたちに刷り込まれていき、「愛国心」の指導がいっそう徹底されるようになっていくことは目に見えています。

そのうちに「自衛隊に任せておくのではなく、徴兵制を導入して、国民みんなで我が国を守ろう」などという話に展開する可能性は大です。

そうなる前に、この不穏な流れに歯止めをかけなければなりません。

徴兵を拒否した孝行息子

道徳的規範に則《のっと》ると、ウソをつくのはいけないこと、逃げるのは卑怯《ひきょう》なことと言われます。

しかし、「逃げる」「疑う」「ウソをつく」ことは、弱者の武器です。生き延びるための大切な手段なのです。「逃げるが勝ち」「ウソも方便」という諺《ことわざ》がなぜあるのか。ときには身を助ける手段になるからでしょう。

友人のノンフィクション作家、田中伸尚が、戦時中に兵役を拒否した人から話を聞いて、「「日本一の孝行息子」・「非」良心的兵役拒否者に聞く」という記事を書いています（『蟻食いを嚙み殺したまま死んだ蟻』七つ森書館、所収）。

その人はインタビュー当時七七歳。外国の人たちと交流のある家庭に育った影響もあり、何の恨みもない他国の人々と殺し合うようなことはゴメンだ、絶対に避けたいと思っていたそうです。

戦争にとられないようにするにはどうしたらいいか、その人は考えます。

そして徴兵検査を受ける前の半年間で、体重を二〇キロ落として徴兵検査を受けたところ、丙種合格となりました。甲種合格、乙種合格、その次が丙種合格。甲種・乙種は現役兵士としてすぐに徴用されますが、丙種は現役兵士としては使いものにならないという格付けになります。

その人はさらに、兵士には不適格で簡単に見破られない病気を探すために医学書を読み漁り、「心臓弁膜症」になることにします。自覚症状を頭に叩き込んで病院に行き、それらしくふるまうと、体力手帳に「心臓弁膜症アリ」の診断をもらうことができたと言います。今のように精密検査機器がそろっていない時代なので、そんなことが可能だったわけです。

あまりの痩《や》せ細り方を見て母親は幽霊のようだと驚くのですが、戦争に行きたくないのでこういうことをしたと話すと、「日本一の孝行息子だ」と何度も何度も言ってくれたそうです。

「自分だけが徴兵を逃れていいのかという意見もあるとは思う。けれども徴兵を逃れるために必死で、他を顧みるだけの心のゆとりがなかった。当時の日本には反戦運動が成立する余地は皆無だった。弱い個人がぎりぎりに追い詰められて選択したこと、しかしその判断は今も間違いではなかったと思う」と、その人は語っています。

当時は、国の方針に背くと「非国民」と言われました。この人も周囲にバレてしまったら非国民だとさんざん言われたでしょうし、誰かから密告されて官憲に目をつけられたら、厳しい処罰に遭ったかもしれません。

たしかに国家には不服従な態度ですが、戦争という人殺しに加担するのを拒否したのです。それは悪事でしょうか。責められるべきことでしょうか。

現在、徴兵制を実施している国々には、多く「良心的兵役拒否」という制度があります。思想的・政治的な信条から兵役に従事することを拒否する権利のことで、そのほとんどが信仰に基づくものです。

しかし良心的でなくてもいいのではないか。もっとストレートに、「戦争には行きたくない、戦争なんかで死にたくない」ということで兵役を拒否できてもいいのではないかと私は思います。

息子を国に売らざるを得なかった母

いま紹介した例は、徴兵忌避をする息子を母親が「親孝行だ」と認めていたところに救いがあります。現実にはそういう家庭は少なくて、親は子どもを戦争にやりたくなくても、「お国のためだ」といって送り出した。それが当時の一般的な親の姿だったわけです。

俳優の三國連太郎さんも、徴兵忌避をした人でした。

召集令状が来ると、若き日の三國さんはそれを拒否して逃亡します。女性連れで逃避行をし、こっそり大陸に渡ろうとしていたのだそうです。実家に知らせておこうと手紙を出すのですが、その手紙によって所在を突き止められ、憲兵に捕まって、結局、中国戦線に送られることになるのです。

戦地に行く前、お母さんが面会に来て言ったそうです。

「お兄ちゃん、何も言わずに我慢して戦地に行って死んでちょうだい」

その言葉を聞いて、母親が官憲に自分の居場所を知らせたんだな、とわかった。お母さんは、召集令状が来たときも、「これで天子様にご奉公ができる。とても名誉なことだ」と喜んだ。実際の胸のうちはともかくとして、典型的な「軍国の母」だったわけです。

徴兵逃れをした者がいると、その家は白い目で見られ、村八分にされるわけです。辛《つら》いことが多々ある。弟や妹たちにもいろいろ迷惑がかかる。家族の窮地が察せられる状況の中、自分の息子を売らざるを得なかった母親を三國さんは恨まなかったそうです。

それからずっと、母と息子はそのことを話したこともなかった。

三國さんは、年老いて病に倒れた母親の面倒を見て、下の世話までしています。ただ、お母さんが亡くなったときに「あぁ、自分はどこかで自分を国に売った母親を許していなかったんだな」と思ったと言うんです。父親が危篤という知らせを受けたときはすぐに飛んでいったのに、母親の危篤の知らせのときは、すぐに動けなかったと。そうこうするうちに、亡くなったと連絡が入る。

自分を産んでくれた人です。しかし自分を憲兵に売った人であり、お国のために立派に死ねと言った人です。その結果、味わうことになった軍隊生活の過酷さを思い返したとき、恨みはしなかったとはいっても、やはりいわく言いがたい複雑な思いが去来したのでしょう。

三國さんがいたのは、千数百人のうち生きて再び祖国の土を踏めたのは二、三〇人しかいなかったという部隊だったそうです。そこを生き残ってこられたというのは、たまたま運がよかったというような生易しいものではない。

それは「どんな卑怯なふるまいをしてもいい。上官に蹴《け》られても、殴られても、どんな制裁を受けてもいい。どうしても生きて還《かえ》ってやる」という気持ちだったと三國さんは語っていますが、そのくらい必死に、したたかに、生き抜いたわけです。

実際、三國さんのお母さんが何か悪かったわけではありません。当時の一般的な母親像だったと思います。憎むべきは、母親に息子を売らせるようなことをさせる国家のやり口の卑劣さだと思うのです。

韓国で今起きている徴兵制問題

そして、これは決して過去の話ではありません。

いま、まさに徴兵問題を抱えている隣国、韓国に目を転じてみましょう。

韓国も徴兵制を実施している国の一つです。徴兵期間は基本二年間。一八歳で徴兵検査を受け、たいてい二〇歳前後のころに兵役経験をします。

兵役に行っていないと、国民としての義務を怠っているということで就職試験でも不利になり、公務員などにはほとんどなれないといいます。また、社会的にも非難されます。

それでも徴兵を拒否する人は後を絶ちません。拒否する人がとくに増えるようになったのは二〇〇〇年ごろからで、イラク戦争に韓国軍が派兵されるようになったからだそうです。

兵役拒否をしようとする人の中には、免除事項に該当するような病気と偽ったり、海外の市民権をとったり、さまざまな方法を考える人たちがいます。国は、以前よりも厳しく対応するようになりました。

徴兵に応じないと、一年半、刑務所に入れられます。しかもその記録は経歴に残るので、社会的に将来を抹殺されたようなものなのです。

良心的兵役拒否は、宗教上の理由の場合のみ認められています。また、オリンピックのメダリストや、ワールドカップで活躍したサッカー選手のように、国家の英雄的な働きをした人は兵役が免除されます。

最近は、徴兵制が原因と思われる自殺者も増加しています。入隊前に自殺する若者が急増、軍隊内での自殺も多く、ほぼ毎日のように自殺者が出ているとも言われています。

平成二六（二〇一四）年九月、雨宮処凛《かりん》の呼びかけで、徴兵を拒否してフランスに亡命した韓国の青年が来日しました。

二二歳の彼は、中学生のときに手塚治虫《てづかおさむ》の漫画『ブッダ』を読んで、人殺しをしたくないと思うようになり、二〇歳のときに徴兵を拒否してフランスに亡命、一年後にフランス政府に難民認定されました。今は、パリでベーグル職人として働いているそうです。

彼の話によると、現在、徴兵を拒否して刑務所にいる韓国人は約八〇〇人、全世界で兵役拒否で投獄されている人が約九七〇人だそうで、徴兵拒否で投獄されている人の約九割を韓国人が占めている計算になります。

昭和二〇（一九四五）年以来、一万六〇〇〇人以上が刑務所に入れられてきたともいいます。

亡命という極端なことをせざるを得ない状況を知ってほしい、そして韓国政府に改善の対応を求めたいという話でした。

徴兵制の問題を、いまの日本はリアルに捉《とら》えなければならない状況です。そういう社会になってしまったら、個人では逃げることがとても難しい。そうなる前に手を打たないといけないわけです。

「逃げる」「ウソをつく」のは悪いことなのか

久野収先生と親しかった原子物理学者の武谷三男《たけたにみつお》さんが、『ウソをつくな』という教育は、支配者にとってのみ都合のよい教育だ」と言っていました。権力者は昔からウソをついてきた。しかし大衆に「ウソをつくな」という教育をすれば、人々は「人間はウソをつかないものだ」と思い込み、どんなウソでも信じることになる。そして権力者に対してウソをつかなくなる、と言うのです。つまり支配者というものは、自分たちにとって都合よく人々を操れるようにするために「ウソをつくな」という教育をするのです。

ですから、理不尽な権力者に抗するには、「ウソを見破る」教育が必要なのだと武谷さんは主張しました。

権力者の言うことを「信じる」のではなく、「疑う」姿勢を持つ。科学的精神とか合理的精神とか独立心というのがそれだと言っているのです。

さらに「人間性をいじめる道徳などないほうがよい」とも言っています。

「ウソをつくな」にしても、「逃げるな」にしても、平気でウソをつき、そのウソがばれそうになると逃げを打つことを常套手段にしている権力者たちが、大衆をだますための手段として使っている言葉、ロジックなのです。

道徳だと言われると反論してはならないような気がしてしまいますが、言葉のトリックで自縄自縛に陥ってしまってはダメです。人間性をいじめるため、つまりは人権に対する感覚をおかしくさせるのが道徳なんです。

人間はウソをつく生き物です。だから、どこにウソがあるかをつねに疑ってかからないといけない。

人間には逃げる道もある。理不尽さに立ち向かい、次の手を打つためには、逃げなくてはならないことがあるわけです。

戦争に駆り出されることから逃げることは、卑怯なことではありません。

あるいはまた、過酷な長時間労働やパワーハラスメントの横行する組織から逃げることにも、いじめの環境から逃げ出すことにも、罪悪感のようなものを感じることはない。逃げていいんです。逃げることも勇気、自分自身を大事にするための勇気なのです。

まじめもほどほどに

武谷三男さんはノーベル賞級の物理学者でしたが、鶴見俊輔《つるみしゅんすけ》さんたちと共に「思想の科学」を創刊したメンバーでもあり、私はその思想・哲学面での言説に大いに影響を受けました。

こんなことも言っています。


あれもこれも、ゆきづまっている。

ということは、新しいやり方、新しい発想で始めるべきだということです。

新しい発想のためには、今までのやり方を疑わなければなりません。

日本人には、言われたことを信じて疑わないまじめな人が多い。特攻隊などまさに、そのまじめな性質を利用された悲劇です。企業戦士も、同じことではありませんか。

まじめもほどほどにして、「かくあらねば」「かくあるはず」という枠をはずしてみることです。そうすれば、おかしいと疑問をもったり、いやだと感じてそれを言葉にするエネルギーが生まれてきます。

どちらを向いても行き止まりのように見えるからこそ、全員がひとつの方向につき進むのではなく、あっちを試したり、こっちで考えこんだりという多様性も可能となります。ゆきづまった状態で特攻隊のようなことをやるのか、自分自身の言葉と論理で考えるのか、それが危機をチャンスにできるかどうかの分かれ目なのです。


（『罪つくりな科学——人類再生にいま何が必要か』青春出版社）

まじめ一途《いちず》な気質の人ほど行き詰まりやすい。行き詰まるということは、立ち止まって今までのやり方を疑ってかかる必要があるのに、脇目もふらずに突き進もうとしがちです。

自分は、逃げるわけにはいかないとか、失敗はできないとか、期待に応《こた》えなくてはいけないとか、完璧《かんぺき》でなければいけないとか、「こうあらねばならない」という言葉で自分を追い込み、がんじがらめになってしまうことが多いのです。

無理をすることになり、過度のストレスから心身の不調を来して、うつ病になったり、さらに重症の場合は自殺してしまったりする。過労自殺というのはまさにそうだと思います。

行き詰まるというのは、膠着《こうちゃく》して動かなくなっている状態なので、一旦《いったん》その膠着状態を崩し、過度の緊張状態をほぐす必要がある。

「まじめもほどほどに」という精神の余裕を持てるといいのです。

やり方は「これしかない」わけではない。

吉永《よしなが》みち子さんがよく「私は屏風《びょうぶ》が好きだ」と言うのです。「屏風は曲げて置くから立っていられるのであって、平らにまっすぐ伸ばしたら倒れてしまう」と。

人間も、生まじめ一本でまっすぐ立とうとせずに、ほどほどに揺れたり、ぶれたり、他の人に支えられたりしながら、生きていけばいいんです。こうでなければいけない、なんてことはない。

はみ出しを許容するのが成熟社会

いじめなどが原因で不登校になった子どもにとって一番辛いのは、教師から「とにかく学校に来い」と言われることだといいます。

行きたくないのではなく、行けない理由がある。学校に行ったら自分は行き詰まるんです。だから自己防衛の気持ちが働く。不登校はそのシグナルです。そこを頭ごなしに「とにかく来い」と言われたら、地獄が増すわけです。

教師というのはまじめな人が多いですから、どうしても「逃げてはいけない」と言う。その押しつけがその生徒を、「学校に行けない自分はダメな人間だ」とか「いじめられるのは自分が悪いからなんだ」「私なんかいないほうがいいんだ」という自己否定の思考回路に向かわせてしまうのです。

そうではなくて、「学校なんか来なくていいよ」と言ってやるところから行き詰まり状況の突破口が見えてくる。

やり方は「これしかない」わけではないように、居場所は「ここしかない」わけではない。あるいは、うまくやっていけないのは、すべてが自分のせいだけではない。

そう気づくことで、個に閉じた世界から解放されるのです。そういう別の「社会との回路を見つける」ことができると、そこから客観的視点が持てて、地獄の底から歩み出られるわけです。

日本の社会というのは、人と同じようにすることを強いる社会です。日本人は「みなと一緒」であることを平等であることのように思い込んでいるところがあります。

しかし本当の「平等」とは、人と違うけれども対等であることです。考え方とか志向が違ってもちゃんと居場所が確保されて、平穏でいられること。「はみ出しても対等であること」、それが本当の意味の平等です。

ある種のはみ出しを許す。間違うことも、はみ出すことも受けとめていく。組織をはみ出す人たちをどう許容するか、どう包み込んでいくかそれが成熟した社会のありようだと思います。

笑いは最大の心の武器

状況に埋没して自分を追い詰めてしまう状況、まじめなる状況を崩すために一番効果的なのが「笑い」です。

まじめ一途なとき、人は笑うことを忘れています。笑いとは緊張をほぐすこと、逆に言えば笑いが消えていくことでその場を緊張が支配する。笑いは人の心をほぐす。人が生きていくために一番力になるのは、「笑い」ではないか。最近、特にそう思うようになりました。

戦後、焦土と化した沖縄を笑いで元気づけた小那覇舞天《おなはぶーてん》という人がいます。

明治三〇（一八九七）年生まれ。

同じ年に生まれた人には、三木清《みききよし》、加藤《かとう》シヅエ、花菱《はなびし》アチャコ、大佛次郎《おさらぎじろう》、宇野千代《うのちよ》らがいます。

歯科医になるために東京の学校に進学した小那覇全孝《ぜんこう》、のちのブーテンさんは、大正デモクラシー華やかなりしころの浅草《あさくさ》で、歌や漫談を見て刺激を受けます。沖縄に戻って歯科医の仕事のかたわら、舞台小屋のステージに立って、漫談、寸劇、舞踊、民謡などを披露するようになります。その芸風は権力をも笑い飛ばすというユーモアあふれるものでした。

戦争で沖縄は激しい戦地となり、多くの人が命を落とします。

ブーテンさんは、家や田畑を失い、家族を失い、生きる気力をなくしていた人々に「生き残った命のお祝いをしましょう」と言って歌と笑いを届けます。

非難も受けます。「人が死んだのに、どうして笑えるものか」と顰蹙《ひんしゅく》を買う。しかしブーテンさんは言うのです。

「このようなときだからこそ命のお祝いをするんです。今度の戦争では、ほんとにたくさんの人が亡くなりました。だから、命の助かった者たちがお祝いをして元気を出さないと、亡くなった人たちの魂も浮かばれません。四人に一人が死んだかもしれませんが、三人も生き残ったではありませんか。さあ、はなやかに命のお祝いをしましょう」

そんな調子で、ブーテン先生と一緒に歌をうたったり、踊りをおどったりしていると、最初のうちは、悲しんでいたり不機嫌だったりした人たちの表情も、次第に晴れてくるのでした。

ブーテンさんと共にうたったり踊ったりしていた弟子の照屋林助《てるやりんすけ》が『てるりん自伝』（みすず書房）でこう書いています。

ブーテンさんはそれからも沖縄の大衆芸能の復興に奔走し、人々に笑いを提供しました。

その笑いの魂は、照屋林助、登川誠仁《のぼりかわせいじん》、玉城満《たまきみつる》率いる「笑築過劇団《しょうちくかげきだん》」、そして小波津正光《こはつまさみつ》をはじめとする「お笑い米軍基地」へと引き継がれています。

人間は、どん底にあっても笑うことで生きる力を得ることができます。

鶴彬《あきら》の川柳にある諧謔《かいぎゃく》性。

桐生悠々は軍を批判する社説に「関東防空大演習を嗤《わら》う」という見出しをつけました。

上野英信の書いた『地の底の笑い話』(岩波新書)も、炭鉱労働者が、重苦しい現実を笑い話として語ったものでした。

振り返ると、この本で扱ってきた権力に抗《あらが》う人たちの精神には、笑いやユーモアがありました。

アウシュビッツの収容所から生還した体験を持つユダヤ人精神科医、ヴィクトール・E・フランクルは、『夜と霧』(みすず書房)の中で、強制収容所の過酷な現実の中に埋没してしまわないために、友人に「一日に一つ愉快な話を見つけることをお互いの義務にしよう」と提案し、笑いの感覚を決して失わないことが「自己維持のための闘いにおける心の武器」になったと言っています。

疑ってかかること、逃げること、理不尽な社会から自分を守るためにウソもつくこと、まじめになりすぎないこと、「組織のドレイ」にならないための個人の武器はいろいろありますが、笑うことは最強の武器になるのです。

軽やかに、したたかに、笑って怒れ！

私などは社会の理不尽さに対する怒りをエネルギーにして生きてきたところがありますから、すぐ眉間《みけん》にしわを寄せて怒りたくなってしまう。

ところが、笑いを仕事としてきた鹿児島出身の芸人、松元《まつもと》ヒロさんなんかは、もっと柔らかくてしなやかです。抵抗しているように見せない抵抗をする。怒りではなく、ユーモアで人にパワーを与える。

こぶしを振り上げて怒ることも確かに一つの声の上げ方ではありますが、それを笑いに転化することができると、より多くの人の共感を得ることができるということです。

大阪国際大学准教授の谷口真由美《たにぐちまゆみ》さんが、「全日本おばちゃん党」というのを起《た》ち上げました。党といっても政党ではなくて、オッサンくさい政治に物申す会です。

基本方針「全日本おばちゃん党はっさく」の一番目は、「うちの子もよその子も戦争には出さん！」で始まる。「将来にわたって始末できない核のごみはいらん。放射能を子どもに浴びさせたくないからや」とか「力の弱いもん、声が小さいもんが大切にされる社会がええねん」とか八策の提言がある。

そのうちに「全世界おばちゃん党サミット」をやって、ヒラリー・クリントンを呼びたいとか、政治への関心のハードルを下げ、楽しく問題意識を持てるようにした集まりです。

笑いながら、おかしなことはおかしいと言い、ダメなものはダメと言い、みなを巻き込んでいく。きまじめではなく、明るく軽やかなスタンスがいい。

社会を変えていきたいという運動は、みんなが楽しくやれて、どんどん盛り上げていきたくなるようなエネルギーがあることが大事です。しがらみに縛られて身動きがとれないような集団は死に体です。

私はあるときまで、理不尽な社会の現状に対して、「泣くより怒れ」と言っていたのですが、最近は、怒りを怒りとしてぶつけるよりも、笑いというかたちで訴えかけていけるほうが、より広がるし伝わりやすいと思うようになりました。

「軽やかに、したたかに、笑って怒れ!」です。

終章　黒幕たちの昭和史

闇の世界の顔役の動き

児玉誉士夫の墓

東京は池上《いけがみ》の本門寺《ほんもんじ》は日蓮宗の大本山の一つだが、右翼の黒幕、児玉誉士夫《こだまよしお》の墓がある。児玉はロッキード事件で、アメリカのロッキード社のエージェントという別の顔を見せた。

児玉の墓の向かい側に大映の永田雅一《ながたまさいち》の墓があり、裏側に旧東声会《とうせいかい》の町井久之《まちいひさゆき》の墓、少し離れて政治家の河野一郎《こうのいちろう》と大野伴睦《おおのばんぼく》の墓がある。政商と呼ばれた萩原吉太郎《はぎわらきちたろう》の墓もあって、児玉をめぐる人々は勢ぞろいという感じである。児玉は本門寺に鐘楼を寄進してもいた。

児玉の他に笹川良一《ささかわりょういち》、矢次一夫《やつぎかずお》といった名だたる黒幕がいたが、彼らの軌跡をたどると、もう一つの昭和史が浮かび上がる。田中角栄のフンケイの友、小佐野賢治《おさのけんじ》もその系譜の人である。

これらの黒幕には闇の世界の臭いがするが、吉田茂以来の歴代首相の指南番といわれた安岡正篤《やすおかまさひろ》や、中曽根康弘《なかそねやすひろ》が師事した四元義隆《よつもとよしたか》、そして瀬島龍三《せじまりゅうぞう》などは白幕に近い黒幕だった。

それで、まず児玉である。

「これは、電発（電源開発）だけでなく、すべての公共機関の持つ欠点である。強いものに弱く、弱いものに強いという態度だ。上官は部下の行為に対して責任をとらなければならないはずだ。ところが、役人どもは部下に責任をかぶせて、自分は逃げる。これこそ役人根性の最たるものだ。権力の地位にあるものは、弱いものにこそ情けを与えるべきではないか。この件も、部下が最初に協力を要請した事実について、総裁も副総裁も責任をとるべきだ」

「この件」とは、昭和三九（一九六四）年に池田勇人が自民党総裁選挙で三選を果たす際に問題となった九頭竜《くずりゅう》ダム建設汚職事件にからむ日本産銅の補償問題で、こう追及したのが児玉だった。

「権力の地位にあるものは、弱いものにこそ情けを与えるべきではないか」という児玉の言は、まことに「正論」であり、その協力を求めて、のちに『権力の陰謀』（現代史出版会、絶版）というドキュメントを書いた日本産銅の元社長、緒方克行《おがたかつゆき》も、感謝こそすれ、児玉を少しも非難してはいない。

役人たちが「強いものに弱く、弱いものに強い」態度をとるから緒方もそれを打開すべく児玉に頼まざるをえなかった。

もちろん、児玉の悪さはケタはずれであり、それについては、一度は闇に葬られ、ロッキード事件の後に日の目を見た竹森久朝《たけもりひさあきら》の『見えざる政府――児玉誉士夫とその黒の人脈』（白石書店）に詳しい。『ブラック・マネー』という題で、刊行寸前まででいきながら、児玉の手によって抹殺されたこの本には、児玉の数々の悪業があますところなく書かれているが、児玉が亡くなっても、「児玉を生む土壌」はなくなっていないのではないか。

ロッキード事件はむしろ中曽根康弘の事件だった

ところで東海道《とうかいどう》新幹線の下りは名古屋《なごや》を過ぎると、突如、田んぼの中の駅に停まる。岐阜羽島《ぎふはしま》という聞きなれない駅で、ここに駅をつくったのは地元出身の大野伴睦である。駅前にはなんと伴睦夫婦の大きな銅像が立っている。伴睦だけでなく、夫婦の銅像なのだ。

代議士の威光をチラつかせて列車を停めて公認を取り消された代議士がいたが、自分の都合だけで駅をつくってしまえば、問題にならない。

そんな身勝手な代議士の元祖が大野伴睦で、現在も読売新聞のドンとして権勢をふるう渡邉恒雄《わたなべつねお》は記者時代にこの伴睦に食い込み、大野派の幹部以上に伴睦の信頼を得ていた。

伴睦の死後、渡邉は社長だった正力松太郎《しょうりきまつたろう》の命令で中曽根康弘と親しくなる。

そして、児玉とも関わりが深くなって、九頭竜ダム事件では、当事者の緒方にこう証言されることになるのである。

ダムの底に沈む鉱山会社を経営していた緒方が補償を求めて児玉に泣きつくと、児玉は、

「中曽根さんを中心として、読売政治部記者の渡邉恒雄君、同じ経済部の氏家齊一郎《うじいえせいいちろう》君（のちに日本テレビ社長）に働いてもらいます」

と明言し、翌日、補償はとってやるから資金を一千万円持って来い、と言われて、緒方が児玉邸に届けると、そこには渡邉と氏家がすわっていたという。

ロッキード事件は田中角栄の事件というより中曽根康弘の事件だった。エージェントとして児玉が登場したが、児玉は中曽根と極めて近かったし、民間機に関わった田中より、軍用機の中曽根の方が格段に額も大きいからである。

その田中内閣が誕生したとき、なぜ、急に中曽根は田中支持にまわったのかが問題

となった。当時、ウワサされたのは、中曽根が田中からカネをもらって転身したということだった。

これについて、児玉と近かった萩原吉太郎（北海道炭礦汽船社長）の「週刊現代」一九七六年八月一二日号の証言を引く。

〈七月二十九日の朝日新聞の朝刊で（ロッキード事件にからんで）中曽根の名が出て、そのことに反論をのべているが、あの発言はまことにおかしい。

まず、中曽根は児玉と関係ないと言ってるが、それはまったくのウソであるということだ。

児玉と中曽根は古い仲だ。（児玉の秘書の）太刀川恒夫にしても中曽根の秘書だった。本当にうちとけた間柄といった方がいいだろう。児玉は中曽根を買ってい た。いわば先物買いで「やがて中曽根の天下がくる」とまで言っていたくらいだ。

次に中曽根は、わたしたちの関係について、佐藤（栄作の）三選以来、疎遠だとかなんとか言っているが、バカげた話である。

あれは、七二年の総裁選のときのことを必死で弁解しているとしか思えない。

あのとき中曽根は、田中から七億のカネを渡されたという話があった。中川（俊思元代議士）が、そのことをある週刊誌に語ってるのだが（後に取消した）、七億かどうかは別にして、カネが渡されたと言われている。

雑誌のインタビューを受けたわたしは、「オレは少なからず政治家とつき合ってるけど、いかにカネがあり余っているとはいえ、七億などというカネをやるバカはいない」と答えた。

そういってもらえば、中曽根は助かるのである。にもかかわらず、中曽根は、わたしとは疎遠だし、わたしから金ももらっていないという。これは、けしからぬ話である。

ここで、当時の経過を明らかにしておこう。中曽根と彼の師匠に当る野田武夫が目黒の自宅にやってきたのは七二年五月の下旬であった。

そのとき中曽根は、「各派とも立っているからおれも立つ」といっている。「そうしないと〝草刈場〟になってしまう。また、知らん顔していると金でやられてしまう。だから金を貸してくれ」

つまり、立候補すると言いながら結束を固め、金でつなぎとめ、ぎりぎりのところで高く売るという戦術である。

わたしは、結局は、中曽根派は福田（赳夫）にくると思って、その場で現金一千万円を渡した。

その前にも中曽根は、派内を分析して三、四年以上の大半は福田、一、二年生の大半が田中で、派内はまとまらないが、自分は福田でいく、と言明していたのである。

　ところが、そのあと、また一千万円もって中曽根に渡そうと、中村梅吉に合ったところ、彼が「どうも中曽根の様子がおかしい。どっちにいくかわからないから、貸さない方がいい。忘れたふりして持って帰りなさい」という。わたしも、それならと思い、持ち帰った。

　六月に入って野田が死んだ。と、その一週間後に中曽根は新聞記者などに田中支持を発表したのである。わたしは、これで大恥をかいたわけであった〉

中国で大金をつくった児玉と笹川

「週刊現代」の二〇一六年一二月一〇日号で、ノンフィクション作家の高山文彦《たかやまふみひこ》や小俣一平《おまたいっぺい》と共に児玉について語った。

　小俣は児玉を「憂国の士とフィクサーの顔が入り混じる不思議な存在」と位置づける。右翼活動を通じて知り合った笹川良一などの仲介で海軍に食い込み、上海で特務の「児玉機関」を設立した。この時に得たカネが自由党（日本民主党と合併して自民党）の創設資金になったといわれる。

　そして、戦後最初の東久邇宮《ひがしくにのみや》内閣では内閣参与となった。もちろん、A級戦犯容疑者として岸信介や笹川らと巣鴨《すがも》プリズンに収監されたが、この時に岸と同じようにCIAの協力者となってアメリカに身を売ったのだろう。

　高山が語る。

「60年安保の際には、岸の意向を受けて、安保反対運動を抑えるための『アイク歓迎実行対策委員会』（アイゼンハワー米大統領を安全に迎え入れる）に、稲川会など暴力団を動員したといわれています。

　児玉の力の源泉のひとつは、このような戦中戦後に培った人脈によってつくられた『暴力装置』にありました。一時、日乃丸青年隊、松葉会、住吉一家といった任侠の大同団結構造をもくろんでいたほどですから」

　ロッキード事件の起訴状によると、児玉は総額十数億円のコンサルタント料をロッキード社から受け取っているが、それを知った笹川は、

「児玉君、君は何億円もロッキード社からもらっているそうじゃないか。それを秘書のせいにするなんて世間には通用せんぞ」

　と怒鳴りつけたという。

　黒幕については、「週刊現代」の二〇一五年一月一七日、二四日合併号でも、保阪《ほさか》正康《まさやす》、森功《もりいさお》の両氏と共に座談会をやったが、保阪がこう言っている。

「戦前の右翼の系譜という意味では笹川良一も忘れてはいけません。山本五十六の用

心棒をしたり、ムッソリーニの真似をして黒シャツ隊を作って銀座を行進したり、なかなか派手な活動をしていました。児玉と同様に中国でかなりカネも作った。A級戦犯の容疑で巣鴨プリズンに入りましたが、収監されていた政治家たちとつきあい、人脈を広げて、戦後の活動の基礎にしていく」

獄中でモーターボートに興味を持って、出所してまもなく競艇の法制化に動いた。昭和三七（一九六二）年には日本船舶振興会（現日本財団）を創設して競艇による収益の受け皿にし、そのアガリを世界にバラまいた。そして、ノーベル平和賞をねらっていたともいわれる。

ところで、作家の曾野綾子が笹川の娘だという噂が根強くある。そうでなければ、笹川の後を継いで日本船舶振興会のトップになれるはずがないというのである。

笹川一族の神話を書いた『宿命の子』（小学館）の著者、髙山文彦はそれについて次のように推測する。

「こうした噂が出回るのも、彼女が実父の存在をあまりふれまわってこなかったために神秘化された面がひとつはあったのだろうし、もうひとつは陽平（良一の実子で曽野の後の日本財団会長）を守ろうとする姿が人によっては弟を守ろうとする姉のように見えたのではないだろうか」

戦後の新興黒幕・瀬島龍三

前記の座談会で保阪は「戦後の新興黒幕」として瀬島龍三を挙げ、こう語る。

「戦時中は大本営の参謀として作戦を立案し、終戦後はシベリアに一一年抑留されて帰ってきた。

日本に戻ってからは伊藤忠に入って、社長・越後正一に食い込んだ。伊藤忠は繊維を中心にした商社ですが、当時は事務系が無茶苦茶だったそうです。そこへ業務部長に抜擢された瀬島が陸軍方式の書類の作り方を持ち込んで、改革を成功させた」

それを受けて私は、

「山崎豊子の『不毛地帯』にも描かれていますが、米国からの戦闘機購入にまでからんでいた。ダグラス・グラマン事件で明るみに出ますが、参謀時代の同期が自衛隊にいたのを利用したのでしょう。伊藤忠は繊維の商社だったのが、瀬島の力で総合商社へと発展していく」

と話をつないだ。

瀬島が一番近かった政治家が、やはり中曽根である。

瀬島のもっともらしい尊大さについて、「サンデー毎日」の編集長だった牧太郎《まきたろう》が興味深い経験を書いている。

一九八五年春にインタビューしたら、瀬島はゲラを見せろと言い、自宅にそれを持

っていくと、赤鉛筆をとりだし、略歴の「大本営陸軍参謀」を「これは事実ではない」として「陸軍兼海軍参謀」と書き直し、

「参謀ってのは百人はいた。しかし、陸軍と海軍を兼任したのは二人だけだったんだよ」

と自慢したという。

そして、「中曽根内閣の有力なブレーンのひとり」というところで急に怒り出し、

「私は中曽根ごときの使い走りではない」

と言って、その部分を削除した。

牧は、『中曽根とは何だったのか』（草思社）で、瀬島は国家の参謀であり、中曽根の参謀ではないと言いたかったのか、と書いているが、瀬島の回想録『幾山河』（産経新聞ニュースサービス）には、中曽根の依頼で極秘に何度も韓国に渡り、大統領の全斗煥《チョンドファン》に中曽根の親書を渡し、全から中曽根宛ての親書をもらって帰国している。ふつうはこれを「使い走り」というのではないか。

瀬島は続いて竹下登《たけしたのぼる》や海部俊樹《かいふとしき》のメッセンジャー・ボーイも務め、全の次の大統領の盧泰愚《ノテウ》とも会っている。日本と韓国の陸軍士官学校が緊密な関係を結んでいた縁だが、共に軍人の全斗煥は落郷《ナッキャン》し（郷里へ帰り）、盧泰愚は逮捕された。盧と固く握手をし、彼を高く評価した瀬島だけが生き延びたのである。

歴代首相の「陰の指南役」、安岡正篤

さて、現在も読まれている帝王学の教祖、安岡正篤の紹介に移ろう。

歴代首相の「陰の指南役」として知られ、マスコミにはほとんど登場しなかった。陰の存在というのが黒幕の一つの条件である。

安岡は、傲慢《ごうまん》で鳴らしたワンマンの吉田茂が自分の方が二〇歳も年長なのに「老師」と呼び、吉田門下の池田勇人や佐藤栄作《さとうえいさく》が「先生」と言って居ずまいを正すような、エグゼクティブの〝知られざる教祖〟だった。

マスコミに登場しないカリスマ的存在といっても、取材に応じないだけで、注意して見ると、新聞の「首相番日記」などに、その存在が見え隠れした。

たとえば、福田赳夫《ふくだたけお》が首相だった一九七七年一〇月一〇日付の「毎日新聞」にも、次のような記事が載った。

「日航ハイジャック事件前の九月中旬、東京・紀尾井町の料亭『福田家』。夕やみ迫る中を石田元最高裁長官、井本検事総長、そして陽明学者の安岡正篤氏らが次々と姿を見せた。そして数十分後、福田首相も。座敷ではもう『安岡先生を囲む会』が始まっていた」

吉田茂―池田勇人―大平正芳《おおひらまさよし》とつなげば、大平は安岡の孫弟子に当たるが、七九年

の三月二〇日には、かわいいその〝孫弟子〟を安岡が首相官邸に訪ねている。安岡は、

「総理ぶりを見にきたんだ」

と言って、約五〇分間、二人だけで話し合い、その後、

「安岡氏は右翼といわれるが、心酔してますか」

と記者に尋ねられた大平は、

「東洋哲学者でしょう。尊敬してます」

と答えている。

大平は生前、自宅の火事で、安岡の著作を焼失したのを一番残念がっていたとか。

岸信介以来、三木武夫や田中角栄、そして宮沢《みやざわ》喜一《きいち》とは縁が薄かったが、その他の歴代首相の施政方針演説や所信表明には、ほとんど安岡の朱《あか》が入った。

安岡は、池田がつくった派閥の宏池会《こうちかい》の名づけ親でもあるが、では、安岡がどうして政界人の導師的存在となったのか。時間の針を戻して、戦前からのその軌跡をたどってみよう。

安岡は明治三一（一八九八）年、大阪府北河内《きたかわち》郡に生まれ、旧制の一高を経て、東京帝国大学法学部政治学科を卒業した。在学中に独学で東洋哲学を修める。

二〇代前半から陽明学者として政、財、軍の関係者に広く知られ、昭和二（一九二

七）年、伯爵酒井忠正《さかいただまさ》邸に「金鶏学院《きんけいがくいん》」という私塾を開いた。

そのころ、一時、大川周明《おおかわしゅうめい》とともに拓殖大学の講師ともなっている。また、吉田茂の岳父、牧野伸顕《まきののぶあき》や海軍大将の八代六郎《やしろろくろう》らに師として遇され、弱冠二七歳で海軍大学校に特別講座を持って「日本武将論」を講じた。

徴兵検査のとき、司令官から、

「安岡先生とは、どういうご関係か」

と本人が尋ねられたというエピソードがある。

昭和六（一九三一）年には、埼玉に日本農士学校を創設したが、この時のスポンサーは、三井の池田成彬《いけだしげあき》、住友の小倉正恒《おぐらまさつね》、安田の結城豊太郎《ゆうきとよたろう》といった、そうそうたる面々である。

翌年、安岡は、

「不肖等この情勢を座視するに忍びず、自ら揣《はか》らずして奮然身を挺し、至公血誠の同志を連ね、敢て共産主義インターナショナルの横行を擅《ほしいまま》にせしめず、排他的ショーヴィニズムの跋扈を漫《みだり》にせしめず、日本精神に依って、内、政教の維新を図り、外、善隣の誼《よしみ》を修め、以て真個の国際昭和を実現せんことを期す」

として「国維会《こくいかい》」を発足させ、四〇歳の時には、

「現内閣は一青年学徒、安岡正篤によって動かされている。その安岡は金鶏学院において有名無名の人々に黙々、陽明学を講じている」

せる呼び方があったという。

と「読売新聞」に報じられた。
戦時中は小磯《こいそ》（国昭《くにあき》）、鈴木《すずき》（貫太郎《かんたろう》）両内閣の大東亜省顧問となって活躍。そのころ大川周明を〝昭和の大塩平八郎《おおしおへいはちろう》〟と呼び、安岡を〝昭和の由比正雪《ゆいしょうせつ》〟として対比させる呼び方があったという。

終戦の時の「玉音放送」の文章を〝添削〟したのは特に有名で、安岡は、
「私は『義命の存するところ』ポツダム宣言を受諾すると仰せられるべきであると思った。ところが、閣僚というのは無学の輩ばかりだから、最後の閣議でそれが『時運の赴くところ』と修正されてしまった。時運の赴くところというのは、いうならば世の流れのままに、ということだから、その結果、戦後の日本はデカダンになってしまった。私は今でもそれを残念に思っています」
と繰り返し語った。

戦後は直ちに戦犯として追放になったが、昭和二六（一九五一）年に解除された。その二年前に「全国師友協会」を設立して、政財官の各界の指導者の教化に乗り出している。

全国師友協会は、元内相安倍源基《あべげんき》、三井不動産会長の江戸英雄《えどひでお》、元防衛庁長官の木村篤太郎《きむらとくたろう》らを顧問に、安岡が会長となった全国組織で、会員数は約一万三千人。月に一度、有楽町《ゆうらくちょう》駅前の「日本倶楽部」で安岡の公開講座を開いていた。

安岡とその〝信者〟たちは「右翼」といわれることを嫌うが、『右翼事典』の「新日本協議会」の項には、

「昭和二十九年ごろ、三菱電機会長・高杉晋一と元内相・警視総監の安倍源基は、全国師友協会会長・安岡正篤の『国際革命勢力はすでに日本赤化をプログラムに入れている』という説に共鳴し、各界の有識者に呼びかけ、全国の公共諸団体を網羅した協議体として発足したが、六十年安保終了後、参加団体が相次いで離反し、それ以降は単一的団体として運動している」

とある。

あの三島由紀夫《みしまゆきお》も安岡の心酔者だった。「陽明学を学びたい」と、幾度か安岡を訪ねた三島は、割腹自殺をする直前、安岡に宛てて、「長い、きわめて異常な手紙」を出している。

矢次一夫の鋭い指摘と北一輝の皮肉

では、なぜ、安岡が「日本のパワー・エリート」にこうももてはやされたのか?

私は、それは、日本のエリートたちが知を中心とする西洋的教養で育ち、「決断」等の東洋的処世法に飢餓感を感じているからだと思う。歴代の首相で、官僚出身のエリートたちが安岡を敬慕したのに反して、田中、三木といった非エリートは、どちら

かと言えば疎遠だったのも、そこに理由があるだろう。

黒幕が生まれ、活躍する余地もそこにある。

岸信介の黒衣《くろこ》だった矢次一夫の指摘が忘れられない。

若き日に佐賀から上京して北一輝《きたいっき》の食客となり、大政翼賛会の参与などをした矢次には、賛否は別として、民間にあって「浪人外交」を展開した迫力があった。

もう四〇年ほど前のことになるが、私は韓国ロビーの矢次に「日韓関係をどうするつもりか」尋ねに行ったことがある。

その時、矢次が当然のように、北朝鮮ともパイプを持つべきだと主張するのには少なからず驚いた。そのころ、そんなことを言うと、右翼から袋叩《ふくろだた》きにされたからである。

しかし、矢次は平然としていた。

「ぼくは近ごろ外務省を相手にしないのだがね。彼らは要するに勉強しないんだ。韓国に限らず相手の事情を知らなすぎるし、知ろうともしない。

たとえば、魚をつかまえようと思ったら、オレだったら上着もズボンも脱いでサルマタひとつになって川にとびこんで魚を追いかけまわす。そして、つかまえた魚も自分で刺身や煮魚に料理する。ところが、外務省の役人は、机の上に集まってくる報告書を見ながら判断するだけなんだ。これでは外交にならん。外交官になった以上、外交にもっと情熱を持ってもらわなくちゃ困るんだよ」

と、河馬に似た独特の風貌《ふうぼう》でブチあげた後、こう続けた。

「金日成《キムイルソン》が東ヨーロッパやアフリカをまわっている時だって、アメリカは何らかの機関が接触していると、私は思っていた。接触しなかったら怠慢だよ。ところが日本の外務省に問い合わせても、よくわからんと言う。

北朝鮮と国交があろうがなかろうが、金日成は、韓国側から言えば、野党の親分みたいなもんだろう。

日本の外務省だって、ほうぼうに大使館を持っているんだから、金日成を追いかけまわして、会ってお茶を飲むとかすればいい。酒を飲んで語り合えば一番いいんだろうが、そうしたことをやらない外務省は無能なやつらの集まりだと思うね」

いわゆる「金大中《キムデジュン》拉《ら》致《ち》事件」が起こったときも、この有力な韓国の大統領候補に、それまで日本の大使館はまったく接触していなかった。こうした事情は現在もほとんど変わっていないらしい。

再び安岡の話に戻るが、同じ黒幕でも、安岡の方が矢次より頑《かたく》なである。安岡は金日成にも接触せよなどとは決して言わない。

安岡は『日本の父母に』という小冊子の中で「父の役割、母の役割」を説いた後、ルソーは確かに天才であったが、意志薄弱な性的変態者であり、マルクスは利己主義者で弟は低能であった、といった安手な反共演説かと見まがうようなことを書いているからである。

そして、「私はヒットラー全盛時代、ドイツを旅行して、いかに彼が総統を神聖化することに汲々としてをるかといふことに感を深うして、今更のやうに日本の皇室を貴く思ひました」とも書いているが、〝御真影〟という写真まで拝ませて、天皇を「神聖化することに汲々」としたのは、むしろ日本ではなかったか。

私は山形県酒田市の出身だが、安岡が「金鶏学院」で陽明学を説いていたころ、凶作に見舞われた東北の農村では娘を身売りする家が続出し、その悲惨は極に達した。それに涙し、肥え太る財閥の横暴を怒って、「二・二六事件」を起こし、天皇の名によって処刑された青年将校の磯部《いそべ》浅一《あさいち》は、「獄中日記」に炎の文字を書きつらねている。

安岡は後に、自民党のオールド・タカ派を結集した「素心会」の名づけ親となり、「素心」の意味を、

「人間、本来純真な心も、成長し、世間に生き、名利を追うにつれ、だんだん塵汚れに染み、また欲望や野心の種々の意図から、さまざまに色づけられるものであります。そういう汚染や着色を去って本来の純真にかえった心を素心といいます。政治家で言えば、特に功名心や党派心を去った素直な心であります」

と記しているが、純真すぎるほどの「素心」をもった磯部らに、その〝教師〟として敬慕され、潔く彼らに殉じた北一輝は、

「かつて太陽が西より出でざるがごとく、古今革命が上層階級より起れることなし」と喝破しつつ、〝白足袋《しろたび》の革命家〟安岡正篤を、平泉澄《ひらいずみきよし》と同じく、口に維新や革命の言辞を弄《ろう》しながら、伝統的国家主義の一翼に寄生し、その手先となる口舌の徒として、烈しい侮蔑《ぶべつ》の対象とした。

陽明学の泰斗が「口舌の徒」とはかなりの皮肉だが、この北の論難の当否はともかく、たとえば安岡がリーダーとなって昭和七（一九三二）年に発足した国維会のメンバーは、確かに上層の貴族と官僚に限られ、およそ大衆とは無縁のものである。

最初、私はこの章を「司馬遼太郎《しばりょうたろう》史観と藤沢周平《ふじさわしゅうへい》史観」としてまとめるつもりだった。しかし、それは『司馬遼太郎と藤沢周平——「歴史と人間」をどう読むか』（知恵の森文庫）で書き尽くしているので「黒幕たちの昭和史」にしたが、司馬と藤沢の歴史の見方の違いを要約すれば、次のようになる。

「江戸城は誰がつくったか」と問われたとき、司馬は太田道灌《おおたどうかん》と答えて疑問を持たない。

「違う、大工と左官だ」と反論して笑われる人もいるが、藤沢はその答えを笑わない、と。

生まれ故郷が同じということもあって私は藤沢に親近感を持つ。この本は、いわば藤沢史観に立って展開した私なりの昭和史（現代史）である。

おわりに

黒川祥子《くろかわしょうこ》著『同い年事典』（新潮新書）という本があります。これが重要なヒントとなってこの本が生まれました。

たとえば、現天皇の生まれた昭和八（一九三三）年の頁を開いてみましょう。

ドイツでナチスが政権を獲得したこの年、日本に生まれたのは作家の森村誠一《もりむらせいいち》、ジョン・レノンの妻のオノ・ヨーコ、タレント兼作家の永六輔《えいろくすけ》、元プロ野球選手の金田《かねだ》正一《まさいち》、俳優の菅原文太《すがわらぶんた》、そして若尾文子《わかおあやこ》らです。

彼らは敗戦の年が一二歳。ものごころはついていたでしょうが、昭和二年生まれの城山三郎さんたちほどには精神に火傷《やけど》を負わなかったのではないかと思います。

ちなみに私は敗戦の昭和二〇年に生まれました。作家の落合恵子《おちあいけいこ》、俳優の吉永《よしなが》小百《さゆ》合《り》や栗原小巻《くりはらこまき》、あるいはアウン・サン・スー・チーらが同い年です。

私の父が生まれたのは明治四二年、西暦で言えば一九〇九年でした。

伊藤博文《いとうひろぶみ》が安重根《あんじゅうこん》に暗殺されたこの年の生まれには、作家の大岡昇平や太宰治、さらには松本清張がいます。フランスの哲学者のシモーヌ・ヴェイユやアメリカの経営学者ピーター・ドラッカーもこの年の生まれです。

私と同じ酒田出身の写真家、土門拳も忘れることはできません。本書の単行本のときのカバーにその写真を使わせてもらったのは望外の喜びでした。

土門は、あるとき、駅の陸橋の階段を上って、片隅にある赤い痰壺《たんつぼ》に目をとめました。

「その夜は初めてみるように新鮮な美しいものに見えた。ぼくはジッと見つめた。すると、その赤い痰壺を見つめたまま、丁度解いた幾何の証明問題をもう一度初めから吟味するように、今わかったと思ったことを言葉に直しはじめた」

土門はこう書いていますが、汚い痰を吐き棄《す》てるものとして痰壺は存在します。それを美しいものとして見る人はほとんどいません。しかし、これがなければ、汚さは広がってしまうのです。

貧困の中で、さまざまな職業を経験した土門は、独特の視点で、この痰壺に注目しました。土門以外の誰が、これを見て〝開眼〟するでしょうか。

土門は山形出身の歌人、斎藤茂吉《さいとうもきち》の影響も受けています。最上川《もがみがわ》の岸辺にサンダワラを敷き、半日もじっと川の流れを見て歌をつくった茂吉と、シャッターを切るまでに時間を費やした土門とは、実相観入のリアリズムという点で一致します。病的なまでの、徹底した写生です。私は、土門の場合は「生活観入」もしくは「人生観入」だったのではないかとも思いますが、土門はそれをこう語っています。

「〝カメラとモチーフの直結〟はアララギ派歌人の言葉を以てすれば〝実相観入〟ということになります。〝カメラとモチーフの直結〟乃至は〝実相観入〟こそはリアリズムの道であります。

もちろん、そこでは見る人の視点、視力が試されます。古今東西のあらゆる造形芸術の大道であります」

思想もしくは視想が問われるのです。

たとえば、土門の前にヒロシマを撮った写真家がいなかったわけではありません。しかし、土門以上に鮮烈にヒロシマを撮った写真家はいませんでした。

もちろん、敵《かな》わぬまでも、私はこの本で土門に学んだリアリズムの精神を生かそうと努めました。それが少しでも出ているかどうかは読者の判断を仰ぐしかありません。

最後に、この本のまとめと編集に協力して下さった阿部久美子さん、そして角川学芸出版（当時）の宮山多可志さん、小島直人さんに厚くお礼を申し上げます。

二〇一八年七月

佐高　信

解説

望月《もちづき》衣塑子《いそこ》
（東京新聞記者）

本書は、不況から始まり戦争へ転がり落ちていった戦前から、戦後の経済成長を牽《けん》引《いん》した会社や政党まで、その時々のキーマンの思想や主張、人間関係を批評しながら、昭和史を分析しているものです。時にバッサリとやっつけてしまう「佐高《さたか》節」もありますが、かつて教鞭《きょうべん》をとられたというだけあって、副読本のようにわかりやすく書かれています。当時、教科書は使わずにガリ版の手作り教材で授業をされていたと聞き、合点しました。

自ら物事のファクトを見極め、評価をするためには、佐高さんが本書のなかで推奨する「『常識』を疑うこと」が最も大切です。序章のなかで、現在が戦前とよく似た状況だと指摘したうえで、「だまされない人になろう」と語りかけています。そのための手段として「知ること、疑問を持つこと、複眼でとらえる習慣をつけること」を挙げています。

「知ること」とは、ネット上を検索して自分の期待した答えを見つけ、自説に都合のいい（あるいは気分のよい）情報を集めることでは決してありません。こうしたアプローチは「真の答えにたどり着いた」「自分は正しかった」という自己肯定感や満足感を得られますが、反証に耐えうる客観的事実かとなると疑問です。

「疑問を持つこと」「複眼でとらえる」ために、あえて自分とは真逆の主張や、普段、あまり接する機会のない分野に手を伸ばして触れてみるといいかもしれません。ちょうど将棋の加藤一二三《かとうひふみ》九段が、対戦相手側に回り込み、相手の視点から戦況を客観的に見直す「ひふみんアイ」のイメージかもしれません。自分が寄りかかっている常識にあえて反論をぶつけてみる、仮説をたてて正しいかどうか反証してみる、ということです。新聞記事もそうです。取材相手の反論を丁寧に聞き、根拠を裏取りしたうえで、「それでもおかしい」となってようやく記事になります。

本書にはだまされない人になるための、重要なポイントも書かれています。「だますほうが悪い」のは当たり前ですが、だからといってだまされた人が免責されるわけではありません。佐高さんは伊丹万作《いたみまんさく》の「戦争責任者の問題」を引用して訴えます。「原発の安全性、集団的自衛権という名の憲法改悪、今もまた、私たち日本人は為政者にだまされつつあります。だまされることは悪なのだ、罪なのだという自覚が、いっそう強く求められている」

関連して、戦争に突き進む昭和初期の姿が描かれた第三章では、小泉純一郎《こいずみじゅんいちろう》元首相が「日本の生命線」という言葉を使ったくだりが紹介されています。「昭和の戦争だって、満州から撤退すればいいのに、できなかった。『原発を失ったら経済成長できない』と経済界は言うけど、そんなことないね。昔も『満州は日本の生命線』と言ったけど、満州を失ったって日本は発展したじゃないか」といい、佐高さんは「小泉と私の見解が合うことは滅多にないのですが、この点においては珍しく認識が一致します」と語っています。

周囲や時流に流されないことも重要です。第四章では、石橋湛山《いしばしたんざん》しかり、淡谷《あわや》のり子《こ》しかり、戦前・戦中でも正しいと思うことを臆せず主張する人物がいたことがわかります。まっとうな意見はあったのです。ところが、そういう人たちの声は、そのときは見えないし広がりません。なかったこととして目をつむるからです。

本書が当時と今が「似ている」と喝破しているのは、そうしたまっとうな意見が周囲から「古くさい」「ださい」とレッテル貼りされ、「反日」「国賊」などと攻撃されて脇に押しやられている、この嫌な空気、雰囲気です。さらに問題を大きくしているのは、多くの人が「今はそういう時代だ」と無関心だったり、黙認したりしていることです。

佐高さんの著書『筑紫哲也《ちくしてつや》の流儀と思想』（集英社新書）には、筑紫さんが「週刊金曜日」の創刊10周年編集委員座談会で「護憲などというのは時代遅れのたわごとだ、という流れが出てきた。（中略）人間の歴史の中には、すごく悪い時代に入っていく流れだってあるわけで、時代の流れだということで全肯定しちゃったら、自分の判断や決定はなくなってしまう」と述べた、というものがあります。15年前の話ですが、状況は悪化しています。

そういう空気を手助けするのは「だまされたままでいてほしい」「寝た子を起こしたくない」という為政者の意をくむ輩《やから》ですが、残念ながらマスコミ業界に少なくありません。猫に鈴をつけようとする人を邪魔します。いったい、どっちを向いて仕事をしているのかわかりませんが、権力者の歓心を得られればいいということなのかもしれません。表向きは「公の利益のため」という顔をしていますので要注意です。

章の順番が前後しますが、第一章「銀行を潰したのは誰だ?」のなかで、大蔵大臣の失言を引き金に取り付け騒ぎとなります。ところが当時、メディアは東京渡辺《わたなべ》銀行側の反論や主張を報じることなく、大臣や大蔵官僚側からの視点ばかりで取り上げたといいます。「メディアには今もそういう体質のところが多くあります。自分たちで調べもせず、誰か（立場上の強者）が言ったことに乗っかって弱者を叩《たた》く」ことが「今のマスコミの姿と重なる」と指摘しています。耳の痛い話ですが、これは的を射ています。

嘘とごまかしがまかり通っている安倍《あべ》政権下で、検証報道は足りていません。本来の報道の役割を放棄し、長いものに巻かれているのではないでしょうか。マスコミの責任も重大です。森友《もりとも》・加計《かけ》学園（モリカケ）問題は報道各社のスタンスの違いが顕著でした。後に「腑分《ふわ》け」されることでしょう。

森友問題では、官僚のごまかしも目を覆うばかりでした。渡辺銀行破綻《はたん》では大蔵官僚は「ほっかむりをして」逃げましたが、今回はより積極的に背信行為に手を染めました。極めつきは財務省による公文書の改ざん・廃棄問題でした。

安倍晋三《しんぞう》首相は「私や妻がこの認可あるいは国有地払い下げに、もちろん事務所も含めて、一切かかわっていない。もしかかわっていたのであれば、私は総理大臣をやめるということでありますから、はっきりと申し上げたい」と国会で啖呵《たんか》を切ったのですが、財務省の内部調査によると、改ざんはこの答弁を機に始まったとしています。

改ざん前の交渉記録からは「首相夫人」の威光が浮かび上がります。「（夫人から）『いい土地ですから前に進めてください』とのお言葉をいただいた」という学園側の発言なども残っていました。佐川宣寿《さがわのぶひさ》理財局長（当時）は「そうした文書を外に出すべきでない」と判断。これらの記述は国会で追及が始まると、根こそぎ削除されたのです。また首相夫人付秘書官は、特例措置を受けられるかどうか財務省に問い合わせていました。ノンキャリアの職員が、自分で判断できるわけがありません。ところが、麻生太郎財務相は「組織というより個人、関わった人たちの判断が大きかった」と責任を官僚や現場の職員に矮小化《わいしょうか》させ、政治責任は棚上げにしたままです。

さて、筆者の佐高さんについて少し書かせてください。これまで何度か雑誌の企画で対談させていただきました。「舌鋒《ぜっぽう》鋭い批評家」という印象もあり、最初は緊張しましたが、ジャケットをさっそうと着こなし、脚を組み、ホットコーヒーを美味《おい》しそうに飲まれるのが印象的で、いまの政治の批判をしながら、どこかそれを楽しんでいるようにも見えました。

昭和20（1945）年の早生まれ。同級生を調べると、テレビでは久米宏《くめひろし》さん、みのもんたさん、梨元勝《なしもとまさる》さん。記者出身では、共同通信元外信部次長の辺見庸《へんみよう》さん（佐高さんとの共著もあります）や朝日新聞元主筆の船橋洋一《ふなばしよういち》さんなど、著名人が並びます。

とりわけ、毎日新聞特別編集委員でTBSテレビNEWS23のアンカーのほか、関口宏《せきぐちひろし》さんの「サンデーモーニング」でコメンテーターもつとめた岸井成格《きしいしげただ》さん（2018年5月に73歳で死去）は慶應義塾大学法学部法律学科の同期で、つきあいが長かったそうです。私との対談のなかで、佐高さんが「保守本流をいっていた彼（岸井さん）が『安倍晋三だけは許せない』と。気付いたら最後は一緒に闘っていた」と振り返っていたのが印象的でした。

2人の共著では『保守の知恵』（毎日新聞社）、『偽りの保守・安倍晋三の正体』（講談社＋α新書）があります。旧来の「寛容な保守」を知る立場から今の与党の異常さを浮き彫りにしています。

岸井さんは安全保障関連法案の成立目前の15年9月、アンカーをつとめていたNEWS23で「メディアとして廃案に向けて声をずっと上げ続けるべきだ」とコメントし、それを批判する団体の意見広告が同年11月、読売新聞と産経新聞に載りました。その後、岸井さんから佐高さんに電話がかかってきたそうです。

佐高さんは「彼は組織でずっと来た人間だからやはり叩かれるのはこたえたのか、NEWS23が始まる前に自宅に『信さんいるか』と電話をかけてきた。心細かったのだろうな」。そして、自民でも非主流派閥だった三木（武夫）派を担当していた筑紫さんをひきあいに、「最期まで週刊金曜日の編集委員を辞めなかったあの人はどこか反骨精神があった。主流を生きてきた、岸井とはまた全然違う意味での強さがあった」と話されました。こうした分析は佐高さんならでは、です。

平成も終わろうとしています。でも、筑紫さんが佐高さんの単行本の解説でかかれた「佐高信を必要とする時代」はまだ続きそうです。昭和、平成、新元号を通じて斬りつづけてくれる世話焼きなんて、そういらっしゃらないですから。

本書を読むための明治・大正・昭和史　略年表（角川日本史辞典をもとに作成）

凡例
◇＝その年の象徴的な出来事・事件
★＝その年に生まれた人物で、本書で触れた人々

和暦	西暦	出来事
明治三	一八七〇	平民の名字使用許可
明治四	一八七一	廃藩置県／穢多・非人の称を廃止／岩倉使節団が出発　★牧口常三郎（創価学会創設者）
明治五	一八七二	琉球藩設置／富岡製糸場、創業開始
明治六	一八七三	徴兵令／地租改正条例／岩倉使節団帰国／征韓論問題で西郷隆盛・板垣退助・江藤新平らが下野　★桐生悠々（ジャーナリスト）／与謝野鉄幹／美濃部達吉／羽仁もと子
明治七	一八七四	板垣退助ら民撰議院設立建白書を左院に提出／江藤新平らが挙兵（佐賀の乱）／台湾出兵
明治一二	一八七九	沖縄県設置
明治一三	一八八〇	国会期成同盟が結成され、国会開設請願運動始まる
明治一四	一八八一	国会開設の詔勅／自由党結成　★魯迅
明治一五	一八八二	伊藤博文、憲法調査のため渡欧／日本銀行が開業
明治一六	一八八三	三池・高島炭鉱暴動／鹿鳴館開館
明治一七	一八八四	群馬事件／加波山事件／自由党解党／秩父事件／甲申政変おこる　◇松方財政（デフレ）による農村不況が深刻化　★石橋湛山／山本五十六／東条英機／竹

		久夢二／下村湖人
明治一八	一八八五	天津条約／日本銀行、兌換銀行券を発行／大阪事件／太政官制を廃止し、内閣制実施／伊藤博文内閣　★板垣征四郎
明治一九	一八八六	帝国大学令／第一回条約改正会議
明治二〇	一八八七	大同団結運動・三大事件建白運動始まる
明治二一	一八八八	大隈重信外相に就任、条約改正交渉転換／市制・町村制公布／枢密院設置
明治二二	一八八九	大日本帝国憲法発布／皇室典範制定／衆議院議員選挙法・貴族院令公布　◇最初の経済恐慌おこる　★石原莞爾／和辻哲郎／岡本かの子／チャップリン／ヒトラー
明治二三	一八九〇	第一回衆議院議員総選挙／教育勅語発布／第一議会開催
明治二四	一八九一	大津事件おこる／田中正造、足尾鉱毒事件で衆議院に質問書を提出／第二議会解散
明治二五	一八九二	出口なお、大本教を開教　★西條八十／堀口大學／細田民樹／芥川龍之介／野坂参三／チトー／吉川英治／水原秋櫻子
明治二六	一八九三	日本基督教婦人矯風会が結成される　◇現行条約励行論が台頭
明治二七	一八九四	朝鮮で甲午農民戦争おこる／清国に宣戦布告（日清戦争）
明治二八	一八九五	下関で日清講和条約に調印／露・独・仏による三国干渉おこる／朝鮮で閔妃暗殺事件　★西光万吉
明治二九	一八九六	朝鮮に関し、山県・ロバノフ協定締結　◇アテネで第一回オリンピック大会開催　★岸信介
明治三〇	一八九七	高野房太郎ら、労働組合期成会を結成／金本位制が実施される　◇綿糸輸出額が、輸入額を超過　★小那覇舞天／三木清／加藤シヅエ／花菱アチャコ／大佛次郎／宇野千代

明治三一	一八九八	憲政党、結成／第一次大隈重信内閣成立（隈板内閣、最初の政党内閣）／憲政本党結成　★浅沼稲次郎／井伏鱒二／横光利一／今東光／河野一郎／周恩来
明治三二	一八九九	中国で義和団事件おこる／日英通商航海条約など、改正条約が実施される（治外法権撤廃）　◇米国、中国の門戸開放を宣言
明治三三	一九〇〇	治安警察法公布／義和団鎮圧のため派兵（北清事変）／立憲政友会、結成　★伊丹万作
明治三四	一九〇一	八幡製鉄所、営業を開始する／社会民主党結成（二日後禁止）　★羽仁五郎
明治三五	一九〇二	日英同盟、成立　◇小学校就学率が九〇％を超える　★穂積五一／住井すゑ／中野重治／小林秀雄
明治三六	一九〇三	小学校教科書の国定化が決定／堺利彦ら、平民社を設立（「平民新聞」発行）　◇満州をめぐり対露関係悪化　★小林多喜二
明治三七	一九〇四	ロシアに宣戦布告（日露戦争）／第一次日韓協約調印／社会主義協会が結社禁止となる
明治三八	一九〇五	ポーツマス条約締結　◇孫文ら、中国革命同盟会を結成
明治三九	一九〇六	日本社会党結成（〇七結社禁止）／南満州鉄道会社（満鉄）設立
明治四〇	一九〇七	足尾銅山で争議／第一回日露協約に調印　★淡谷のり子／江田三郎／三木武夫／湯川秀樹／中原中也／川島芳子／宮本常一／レイチェル・カーソン／ジョン・ウェイン
明治四一	一九〇八	赤旗事件おこる
明治四二	一九〇九	伊藤博文、ハルビンで安重根に暗殺される　★鶴彬（川柳作家）／土門拳／大岡昇平／太宰治／松本清張／古関裕而
明治四三	一九一〇	大逆事件おこる（翌一九一一年、幸徳秋水ら一二名が死刑）／第二回日露協約に調印／韓国併合／朝鮮総督府が設置される　★久野収

明治四四	一九一一	日米新通商航海条約を締結／平塚らいてうら、青鞜社を結成　★武谷三男
大正一	一九一二	七・三〇改元／第二次西園寺内閣が総辞職／憲政擁護運動おこる
大正二	一九一三	護憲派の民衆が議会を取り巻き、第三次桂内閣が倒壊（大正政変）／立憲同志会、結成
大正三	一九一四	ドイツに宣戦布告（第一次世界大戦に参戦）　★丸山眞男
大正四	一九一五	中国袁世凱政権に、対華二一か条要求　★むのたけじ
大正五	一九一六	第四回日露協約に調印／憲政会が結成される　◇河上肇、「貧乏物語」を大阪朝日新聞に連載
大正六	一九一七	金輸出禁止　◇米国、第一次大戦に参戦／ロシア革命
大正七	一九一八	米騒動おこる／政府、シベリア出兵を宣言／原内閣成立／吉野作造ら、黎明会を結成／東大新人会結成　★田中角栄
大正八	一九一九	パリ講和会議始まる／朝鮮、三・一独立運動／中国、五・四運動
大正九	一九二〇	戦後恐慌おこる
大正一〇	一九二一	日本労働総同盟が発足／原首相暗殺
大正一一	一九二二	ワシントン海軍軍縮条約が結ばれる／全国水平社創立／日本農民組合、結成／日本共産党が結成
大正一二	一九二三	婦人参政権同盟結成／関東大震災／国民精神作興に関する詔書が出される　★上野英信／三國連太郎／遠藤周作／佐藤愛子／李登輝
大正一三	一九二四	第二次護憲運動おこる／加藤内閣成立（憲政会・政友会・革新倶楽部の護憲三派内閣）　★村山富市
大正一四	一九二五	日ソ基本条約締結／治安維持法、公布／普通選挙法（男子）、公布／日本労働組合評議会、発足
昭和一	一九二六	労働農民党、結成／社会民衆党・日本労農党、結成／一二・二五改元　★吉野弘

昭和二	一九二七	金融恐慌／山東出兵／立憲民政党結成　◇芥川龍之介自殺（三五歳）　★城山三郎／石牟礼道子／藤沢周平
昭和三	一九二八	第一回普通選挙、実施／共産党員の全国一斉検挙（三・一五事件）／張作霖爆殺事件おこる　◇パリ不戦条約　★土井たか子／池田大作／上田哲／渥美清／浜田幸一／チェ・ゲバラ
昭和四	一九二九	金輸出、解禁　◇世界恐慌おこる
昭和五	一九三〇	ロンドン海軍軍縮条約締結（統帥権干犯問題）／浜口雄幸首相、狙撃され重傷　◇昭和恐慌おこる
昭和六	一九三一	柳条湖事件（満州事変、開始）／英、金本位制離脱
昭和七	一九三二	第一次上海事変／血盟団事件／「満州国」建国宣言／五・一五事件／社会大衆党結成／リットン報告書発表　★小田実
昭和八	一九三三	小林多喜二、拷問死／国際連盟脱退　◇東京音頭大流行／ヒトラー、独首相に就任／米、ニューディール政策　★今上（第一二五代）天皇／森村誠一／永六輔
昭和九	一九三四	溥儀、「満州国」皇帝に就任（帝政の開始）／ワシントン海軍軍縮条約の廃棄を通告　★原田正純
昭和一〇	一九三五	貴族院で美濃部達吉の天皇機関説が問題化／国体明徴声明
昭和一一	一九三六	ロンドン海軍軍縮会議脱退を通告／二・二六事件／軍部大臣現役武官制復活／日独防共協定調印　◇西安事件
昭和一二	一九三七	文部省、「国体の本義」を編纂／第一次近衛内閣成立／盧溝橋事件（日中戦争開始）／第二次上海事変／国民精神総動員運動始まる／日本軍、南京占領　◇中国、抗日民族統一戦線
昭和一三	一九三八	国家総動員法公布／東亜新秩序建設の近衛声明　◇英・仏・独・伊、ミュンヘン

		ン協定
昭和一四	一九三九	ノモンハン事件／国民徴用令／朝鮮総督府、創氏改名を命令　◇独ソ不可侵条約／独軍、ポーランド侵攻（第二次世界大戦始まる）
昭和一五	一九四〇	日独伊三国同盟締結／大政翼賛会結成／紀元二六〇〇年式典／大日本産業報国会結成　◇ドイツ、パリ占領
昭和一六	一九四一	小学校を国民学校と改称／日ソ中立条約調印／日米交渉始まる／ゾルゲ事件／東条内閣成立／真珠湾攻撃（アジア太平洋戦争開始）　◇独ソ開戦
昭和一七	一九四二	マニラ占領／シンガポール占領／ミッドウェイ海戦／米軍、ガダルカナル島に上陸、反攻開始　◇独ソ、スターリングラード戦
昭和一八	一九四三	ガダルカナル島撤退開始／アッツ島の日本守備隊全滅／学徒出陣の壮行会／大東亜会議開催　◇伊、無条件降伏／カイロ宣言
昭和一九	一九四四	サイパン島陥落／学童疎開開始／レイテ沖海戦、神風特別攻撃隊出撃／マリアナ基地のB29、本土空襲開始　◇連合軍、ノルマンディー上陸
昭和二〇	一九四五	東京大空襲／沖縄戦開始／広島・長崎に原子爆弾投下／ソ連対日参戦／ポツダム宣言受諾を決定／降伏文書調印／政治犯釈放／治安維持法・特別高等警察廃止／日本社会党・日本自由党・日本進歩党結成／婦人参政権の新選挙法成立／労働組合法公布／農地調整法改正公布（第一次農地改革）　◇ヤルタ協定／ドイツ降伏／国際連合成立　★アウン・サン・スー・チー
昭和二一	一九四六	天皇人間宣言／公職追放指令／東京裁判開廷／日本国憲法公布
昭和二二	一九四七	教育基本法・学校教育法公布／日本国憲法施行／片山内閣成立　◇トルーマン・ドクトリン／マーシャル・プラン／コミンフォルム結成
昭和二三	一九四八	東京裁判判決／経済安定九原則発表　◇ベルリン封鎖／大韓民国・朝鮮民主主義人民共和国樹立

昭和二四	一九四九	一ドル三六〇円の為替レート設立／下山事件／三鷹事件／松川事件／シャウプ勧告　◇NATO結成／中華人民共和国成立
昭和二五	一九五〇	日本共産党中央委員の公職追放／朝鮮戦争勃発／総評結成／レッド・パージ始まる／警察予備隊発足　◇朝鮮特需おこる
昭和二六	一九五一	社会党、平和四原則を決議／サンフランシスコ平和条約・日米安全保障条約調印／社会党分裂
昭和二七	一九五二	平和条約・安保条約発効／メーデー事件／破壊活動防止法公布／保安隊発足　◇英、スエズ運河封鎖／李承晩ライン／米、水爆実験
昭和二八	一九五三	内灘米軍試射場問題、深刻化／町村合併促進法公布／奄美群島、日本に返還　◇朝鮮休戦協定調印
昭和二九	一九五四	第五福竜丸、ビキニ被爆事件／自衛隊発足／鳩山内閣成立　◇東南アジア条約機構創設
昭和三〇	一九五五	共産党、六全協で内紛解決／第一回原水爆禁止世界大会／ガット加入発効／社会党統一／自由民主党結成　◇「神武景気」／アジア・アフリカ会議／ワルシャワ条約
昭和三一	一九五六	沖縄にプライス勧告／砂川事件／日ソ共同宣言／国際連合加盟　◇スターリン批判／ハンガリー動乱
昭和三二	一九五七	岸内閣成立／原子力研究所の原子炉が初めて臨界に達する　◇「なべ底不況」
昭和三三	一九五八	小中学校で「道徳」の授業開始　◇勤務評定反対闘争拡大
昭和三四	一九五九	安保改定阻止国民会議結成／東京地裁、砂川事件で米軍駐留は違憲の判決／三池争議始まる　◇「岩戸景気」／キューバ革命
昭和三五	一九六〇	日米新安保条約・新行政協定調印／民主社会党結成／新安保条約自然承認／池田内閣成立／浅沼稲次郎社会党委員長刺殺／国民所得倍増計画策定（高度経済

		成長政策） ◇オペック結成
昭和三六	一九六一	ライシャワー駐日米大使着任 ◇韓国、軍事クーデター
昭和三七	一九六二	社会党江田ビジョン発表 ◇サリドマイド薬害おこる／キューバ危機
昭和三八	一九六三	狭山事件／原水爆禁止世界大会分裂／松川事件裁判で無罪確定 ◇ケネディ米大統領暗殺
昭和三九	一九六四	東京オリンピック開催／佐藤内閣成立／公明党結成 ◇トンキン湾事件
昭和四〇	一九六五	べ平連初のデモ／家永教科書裁判第一次訴訟／日韓基本条約調印／赤字国債二〇〇〇億円発行を決定 ◇米軍、ヴェトナム北爆開始／中国で文化大革命始まる
昭和四一	一九六六	紀元節復活をめぐって与野党対立 ◇「いざなぎ景気」
昭和四二	一九六七	初の「建国記念の日」／イタイイタイ病問題化／東京都知事に革新系の美濃部亮吉／四日市ぜんそく公害訴訟／佐藤首相「非核三原則」堅持を言明
昭和四三	一九六八	米原子力空母エンタープライズ佐世保入港／成田空港建設反対運動、警官隊と衝突／水俣病、公害病に認定 ◇大学紛争多発／GNP世界第二位に
昭和四四	一九六九	沖縄でB52撤去の運動高まる／東大安田講堂封鎖解除 ◇アポロ一一号、月面着陸に成功
昭和四五	一九七〇	大阪万国博覧会開幕／赤軍派日航機乗取り事件／ウーマンリブ第一回大会／三島由紀夫、自衛隊で割腹自殺 ◇光化学スモッグ
昭和四六	一九七一	成田空港、第一次強制代執行／沖縄返還協定調印 ◇ドル・ショック／中国、国連復帰
昭和四七	一九七二	浅間山荘事件／沖縄県発足／田中内閣成立／日中共同声明 ◇ニクソン訪中
昭和四八	一九七三	円、変動相場制へ移行／水俣病裁判、患者側勝訴／金大中事件／オイル・ショック ◇内ゲバが激化／ヴェトナム和平協定調印／第四次中東戦争勃発

昭和四九	一九七四	小野田寛郎元少尉、フィリピンから救出／三菱重工ビル爆破事件／原子力船むつ、放射能漏れ事故／田中金権批判高まる／三木内閣成立　◇戦後初のマイナス成長
昭和五〇	一九七五	天皇・皇后、訪米　◇サイゴン政府降伏／第一回先進国首脳会議（サミット）開催
昭和五一	一九七六	ロッキード事件おこる／ロッキード事件で田中前首相逮捕／政府、防衛費ＧＮＰ一％枠を決定／福田内閣成立　◇ポルポト大虐殺始まる
昭和五二	一九七七	革新自由連合結成／日本赤軍、日航機をハイジャック　◇日本人の平均寿命世界一に／中国、四つの近代化路線
昭和五三	一九七八	社会民主連合結成／成田空港開港／日中平和友好条約調印／大平内閣成立　◇ヴェトナム、カンボジア侵攻
昭和五四	一九七九	第二次オイル・ショック／東京サミット開催／米ソ、ＳＡＬＴⅡ調印／ソ連、アフガニスタン侵攻
昭和五五	一九八〇	社公両党、連合政権構想で合意／鈴木内閣成立
昭和五六	一九八一	中国残留日本人孤児、初の正式来日
昭和五七	一九八二	中韓両国、日本の教科書記述を批判／中曽根内閣成立　◇国連軍縮特別総会
昭和五八	一九八三	ロッキード事件田中角栄被告実刑判決　◇アキノ暗殺
昭和五九	一九八四	臨時教育審議会設置／全斗煥韓国大統領、来日　◇アフリカで飢餓深刻化
昭和六〇	一九八五	創政会発足（自民党田中派分裂）／男女雇用機会均等法成立／自民党、スパイ防止法案を提出
昭和六一	一九八六	東京サミット開催／衆参同時選挙で自民党大勝／社会党委員長に土井たか子就任　◇マルコス政権崩壊／チェルノブイリ原発で事故
昭和六二	一九八七	ＪＲ誕生／朝日新聞阪神支局襲撃事件／防衛費ＧＮＰ一％突破／竹下内閣成立

		◇日米経済摩擦／米ソ、ＩＮＦ全廃条約調印
昭和六三	一九八八	消費税など税制改革関連法成立
平成一	一九八九	昭和天皇死去／一・八改元／大喪の礼／消費税スタート／参議院選挙で与野党逆転／海部内閣成立　◇天安門事件／ベルリンの壁撤去
平成二	一九九〇	本島長崎市長、天皇の戦争責任発言で右翼に襲われる／即位の礼／大嘗祭　◇バルト三国独立／東西ドイツ統一
平成三	一九九一	湾岸戦争開始　◇「バブル経済」の崩壊／米ソ、戦略核兵器削減条約調印／ソ連解体
平成四	一九九二	日本新党結成／国際平和協力法（ＰＫＯ法）等成立／天皇・皇后、訪中　◇中韓国交樹立
平成五	一九九三	細川内閣成立（非自民連立）／コメ市場部分開放決定　◇ゼネコン汚職／コメ凶作／タイ米など緊急輸入
平成六	一九九四	政治改革関連法成立（衆議院小選挙区制導入など）／村山内閣成立（自・社・さ連合）／被爆者援護法成立／新進党発足
平成七	一九九五	阪神・淡路大震災／地下鉄サリン事件／オウム真理教代表麻原彰晃逮捕／高速増殖炉「もんじゅ」事故
平成八	一九九六	橋本内閣成立（自・社・さ連合）／菅直人厚相、エイズ薬害で国の責任を認め謝罪

参考文献

浅尾直弘、宇野俊一、田中琢編『角川新版　日本史辞典』（角川書店、一九九六年）
浅川　純『わが社のつむじ風』（新潮文庫、一九九五年）
浅沼稲次郎『浅沼稲次郎――私の履歴書ほか』（日本図書センター、一九九八年）
浅沼追悼出版編集委員会編『驀進――人間機関車ヌマさんの記録』（日本社会党機関紙局、一九六一年）
雨宮処凛「雨宮処凛がゆく！」（ウェブマガジン「マガジン9」連載）
有竹修二、今村武雄他共著『昭和大蔵省外史』上・中・下（昭和大蔵省外史刊行会、一九六七～一九六九年）
安藤良雄『昭和経済史への証言』上・中・下（毎日新聞社、一九六五～一九六六年）
石橋湛山著、松尾尊兊編「大日本主義の幻想」（『石橋湛山評論集』岩波文庫、一九八四年）
石原莞爾『最終戦争論』（中公文庫、二〇〇一年）
――『戦争史大観』（中公文庫、二〇〇二年）
犬養道子『花々と星々と』（中公文庫、一九七〇年）
――『ある歴史の娘』（中公文庫、一九九五年）
今井清一『日本の百年6　震災にゆらぐ』（ちくま学芸文庫、二〇〇八年）
上野英信『追われゆく坑夫たち』（岩波新書、一九六〇年）
――『上野英信集』第四巻「闇を砦として」（径書房、一九八五年）
上野晴子『キジバトの記』（新装版。海鳥社、二〇一二年）
NHK取材班、臼井勝美『張学良の昭和史最後の証言』（角川文庫、一九九五年）
カー、E・H、清水幾太郎訳『歴史とは何か』（岩波新書、一九六二年）

桐生悠々『畜生道の地球』(中公文庫、一九八九年)
黒川祥子『同い年事典——1900～2008』(新潮新書、二〇〇九年)
河野司編『二・二六事件——獄中手記・遺書』(河出書房新社、一九八九年)
斎藤美奈子『戦下のレシピ』(岩波アクティブ新書、二〇〇二年)
佐々木毅、鶴見俊輔、富永健一、中村政則、正村公宏、村上陽一郎編『増補新版 戦後史大事典1945—2004』(三省堂、二〇〇五年)
佐藤卓己『八月十五日の神話——終戦記念日のメディア学』(ちくま新書、二〇〇五年)
佐藤 優『超訳 小説日米戦争』(ケイアンドケイプレス、二〇一三年)
塩田 潮『江田三郎——早すぎた改革者』(文藝春秋、一九九四年)
城山三郎『大義の末』(角川文庫、一九七五年)
「週刊ダイヤモンド」(二〇〇四年八月七日号)(第92巻31号)
杉本五郎『大義——杉本五郎中佐遺著』(改版。平凡社、一九三九年)
ソロー、H・D著、飯田実訳『森の生活——ウォールデン』上・下(岩波文庫、一九九五年)
竹内 好『竹内好全集第16巻 日記(下)』(筑摩書房、一九八一年)
武谷三男『罪つくりな科学——人類再生にいま何が必要か』(青春出版社、一九九八年)
寺崎英成、マリコ・テラサキ・ミラー『昭和天皇独白録』(文春文庫、一九九五年)
照屋林助『てるりん自伝』(みすず書房、一九九八年)
中江兆民著、桑原武夫、島田虔次訳・校注『三酔人経綸問答』(岩波文庫、一九六五年)
中村政則、森武麿編『年表 昭和・平成史1926—2011』(岩波ブックレット、二〇一二年)
日経ビジネス編『良い会社』(新潮文庫、一九九二年)
バイウォーター、H・C、林信吾、清谷信一訳『太平洋大戦争——開戦16年前に書かれた驚異の架空戦記』

（コスモシミュレーション文庫、二〇〇一年）
樋口麗陽『日米戦争未来記』（大明堂書店、一九二〇年）
広津和郎作、紅野敏郎編『新編 同時代の作家たち』（岩波文庫、一九九二年）
深田祐介『黎明の世紀——大東亜会議とその主役たち』（文春文庫、一九九四年）
藤原弘達『創価学会を斬る』（日新報道、一九六九年）
フランクル、V・E著、霜山徳爾訳『夜と霧——ドイツ強制収容所の体験記録』（みすず書房、一九八五年）
細田民樹「真理の春」（『日本プロレタリア文学集・30　細田民樹、貴司山治集』新日本出版社、一九八七年）
丸山眞男「超国家主義の論理と心理」（『新装版 現代政治の思想と行動』未來社、二〇〇六年）
三好　徹『白昼の迷路』（文春文庫、一九九一年）
吉武輝子『別れのブルース 淡谷のり子——歌うために生きた92年』（小学館文庫、二〇〇三年）
米原万里『打ちのめされるようなすごい本』（文春文庫、二〇〇九年）
文：りぼん・ぷろじぇくと／絵：井上ヤスミチ『戦争のつくりかた』（マガジンハウス、二〇〇四年）

＊

佐高　信『お笑い創価学会——信じる者は救われない』（知恵の森文庫、二〇〇二年）（テリー伊藤との共著）
——『石原莞爾 その虚飾』（講談社文庫、二〇〇三年）
——『失言恐慌——ドキュメント銀行崩壊』（角川文庫、二〇〇四年）→『昭和恐慌の隠された歴史』（七つ森書館、二〇一二年）
——『湛山除名』（岩波現代文庫、二〇〇四年）
——『悲歌——古賀政男の人生とメロディ』（毎日新聞社、二〇〇五年）→『酒は涙か溜息か——古賀

政男の人生とメロディ』（角川文庫、二〇〇八年）
――『魯迅烈読』（岩波現代文庫、二〇〇七年）
――『昭和こころうた』（角川ソフィア文庫、二〇〇八年）
――『だまされることの責任』（角川文庫、二〇〇八年）〔魚住昭との共著〕
――『「村山談話」とは何か』（角川ワンテーマ21、二〇〇九年）〔村山富市との共著〕
――『貧困と愛国 増補版』（角川文庫、二〇一〇年）〔雨宮処凛との共著〕
――『抵抗人名録――私が選んだ１００人』（知恵の森文庫、二〇一一年）
――『新師弟物語』（岩波現代文庫、二〇一二年）
――『世界と闘う「読書術」』（集英社新書、二〇一三年）〔佐藤優との共著〕
――『この人たちの日本国憲法』（光文社、二〇一三年）
――『民主主義の敵は安倍晋三』（七つ森書館、二〇一四年）
――『未完の敗者 田中角栄』（光文社、二〇一四年）

本書は、二〇一五年一月、小社より刊行された
単行本を大幅に増補し、文庫化したものです。

佐高信《さたかまこと》の昭和史《しようわし》

佐高《さたか》 信《まこと》

平成30年 8月25日　初版発行
令和6年 11月25日　4版発行

発行者●山下直久

発行●株式会社KADOKAWA
〒102-8177　東京都千代田区富士見2-13-3
電話　0570-002-301(ナビダイヤル)

角川文庫 21129

印刷所●株式会社KADOKAWA
製本所●株式会社KADOKAWA

表紙画●和田三造

●お問い合わせ
https://www.kadokawa.co.jp/ (「お問い合わせ」へお進みください)
※内容によっては、お答えできない場合があります。
※サポートは日本国内のみとさせていただきます。
※Japanese text only

ISBN978-4-04-400410-1　C0121

JASRAC 出 1808046-404